DU PRIVILÉGE

DU PROPRIÉTAIRE

DU MÊME AUTEUR :

Histoire critique de la Juridiction consulaire en France.

DU PRIVILÉGE

DU

PROPRIÉTAIRE

COMMENTAIRE

De la Loi du 19 Février 1872

Par Ernest GENEVOIS

AVOCAT

PARIS

IMPRIMERIE ET LIBRAIRIE GÉNÉRALE DE JURISPRUDENCE

COSSE, MARCHAL ET BILLARD, IMPRIMEURS-ÉDITEURS

LIBRAIRES DE LA COUR DE CASSATION

ET DE L'ORDRE DES AVOCATS A LA MÊME COUR ET AU CONSEIL D'ÉTAT

Place Dauphine, 27.

1872

DU PRIVILÉGE
DU PROPRIÉTAIRE

COMMENTAIRE DE LA LOI DU 19 FÉVRIER 1872

OBSERVATIONS GÉNÉRALES

1. — Le trouble si profond que produit la faillite dans les relations du débiteur et des créanciers ne peut pas manquer d'atteindre le propriétaire de l'immeuble loué au failli. Des intérêts respectables et opposés se trouvent tout à coup en lutte, et des considérations puissantes se dressent pour les défendre. Si les créanciers ordinaires sont à plaindre lorsqu'ils voient leurs droits les plus sacrés devenir stériles entre leurs mains, au moins pouvaient-ils prévoir jusqu'à un certain point le sort qui les attendait. Ils ont été trompés par leur débiteur, ou bien ils supportent les conséquences d'une mauvaise fortune dont le failli a été la première victime. Dans tous les cas, ils se sont exposés à une éventualité possible. Ils ont volontairement fait des affaires avec un commerçant, et qu'ils aient été aveugles ou malheureux, ils devaient prévoir, en traitant avec lui, les événements qui les atteignent. S'ils n'avaient pas confiance, ils sont en faute de n'avoir pas pris des précautions suffisantes; s'ils étaient sans soupçon, ils ont subi le sort commun auquel on s'expose toujours dans les affaires commerciales.

Mais le propriétaire qui a loué au failli n'a pas fait d'acte de commerce. Retirant de son immeuble un profit normal, il ne peut espérer regagner dans une heureuse spéculation ce qu'il aurait perdu en n'étant pas payé de son locataire, ou en voyant brisé, dans un moment inopportun, un contrat qu'il avait pensé voir continuer durant de longues années, et alors qu'il était disposé à accomplir strictement ses obligations.

Toutefois, si favorable que soit la position du propriétaire, elle ne doit pas être protégée aux dépens des créanciers, et au préjudice du failli. Il faut donc arriver à tenir autant que possible la balance égale.

2. — Cependant jusqu'à ce jour la loi n'avait pas régi d'une façon spéciale les relations du propriétaire et du locataire failli. Elle les avait laissées sous l'empire du droit commun. Le législateur de 1804, de 1807 et de 1838, n'avait pas supposé que la faillite put les altérer.

Pourtant il est arrivé que l'application de ce droit commun, par suite d'une interprétation bonne ou mauvaise de la loi (nous ne voulons pas juger), menait à l'iniquité, quand il y avait faillite du locataire, alors qu'elle ne conduisait qu'à des conséquences équitables en toute autre circonstance.

3. — Deux questions très-graves s'étaient posées. On se demandait d'abord si la faillite était par elle-même une cause de résiliation du bail, de telle sorte que, dans cette conjoncture, l'une des parties, les créanciers du failli ou le propriétaire, pussent anéantir un contrat que l'autre partie entendait maintenir. — En second lieu, lorsque le bail a date certaine, le propriétaire peut se faire payer par privilége sur le prix des meubles garnissant les lieux loués de tous les loyers à échoir. Cette disposition légale peut être exécutée sans

injustice lorsque le locataire n'est pas commerçant; mais quand les lieux loués sont garnis de marchandises qui ont vraisemblablement été payées avec l'argent des créanciers, il est inique d'en attribuer le prix au propriétaire, qui peut ainsi prendre à lui seul tout l'actif de la faillite, rendre tout concordat impossible et capitaliser du même coup tous les loyers qu'il n'aurait dû toucher qu'aux échéances. C'est cependant à ce résultat que la Cour de Cassation était arrivée. L'inauguration de cette jurisprudence fut saluée des critiques de tous les jurisconsultes et des plaintes unanimes du commerce. La persistance de la Cour devait amener dans la législation un changement qui était vivement réclamé par l'opinion publique.

4. — On s'en préoccupait depuis quelques années déjà. Un projet de loi, dû à l'initiative du gouvernement, fut proposé au Corps législatif en 1867. Il avait été pris en considération; mais la commission ne put se mettre d'accord avec le Conseil d'Etat: si bien que l'Empire disparut avant qu'il eut été donné suite au projet.

Il a été repris par M. Corbet-Poulard, qui, dans la séance du 7 avril 1871, déposa sur le bureau de l'Assemblée nationale une proposition de loi tendant à déterminer la réduction du privilége du propriétaire d'immeubles affectés à une destination industrielle ou commerciale, lorsque l'industriel ou le commerçant qui les occupe tombe en faillite.

La commission à laquelle ce projet fut renvoyé lui fit subir des modifications considérables, et il devint la loi que nous nous proposons de commenter (1).

(1) Rapporteur de la commission : M. Delsol. Rapport déposé à la séance du 31 juillet 1871 (*Journal officiel* du 22 août). — Première délibération, 15 décembre 1871 (*Journal officiel* du 16). — Seconde délibéra-

LOI DU 19 FÉVRIER 1872.

ART. 1er. Les dispositions des articles 450 et 550 du Code de Commerce sont remplacées et modifiées par les dispositions suivantes :

ART. 450. Les syndics auront, pour les baux des immeubles affectés à l'industrie et au commerce du failli, y compris les locaux dépendant de ces immeubles et servant à l'habitation personnelle du failli et de sa famille, huit jours à partir de l'expiration du délai accordé par l'article 492 du Code de Commerce, aux créanciers domiciliés en France, pour la vérification de leurs créances, pendant lesquels ils pourront notifier au propriétaire leur intention de continuer le bail, à la charge de satisfaire à toutes les obligations du locataire.

Cette notification ne pourra avoir lieu qu'avec l'autorisation du juge-commissaire et le failli entendu.

Jusqu'à l'expiration de ces huit jours, toutes voies d'exécution sur les effets mobiliers servant à l'exploitation du commerce ou de l'industrie du failli, et toutes actions en résiliation de bail seront suspendues, sans préjudice de toutes mesures conservatoires et du droit qui serait acquis au propriétaire de reprendre possession des lieux loués. — Dans ce cas, la suspension des voies d'exécution établie au présent article cessera de plein droit.

Le bailleur devra, dans les quinze jours qui suivront la notification qui lui serait faite par les syndics, former sa demande en résiliation.

Faute par lui de l'avoir formée dans ledit délai, il sera réputé avoir renoncé à se prévaloir des causes de résiliation déjà existantes à son profit.

ART. 550. L'article 2102 du Code Civil est ainsi modifié quant à la faillite.

Si le bail est résilié, le propriétaire d'immeubles affectés à l'industrie ou au commerce du failli, aura privilége pour les deux dernières années de location échues avant le jugement déclaratif de la faillite, pour l'année courante, pour tout ce qui con-

tion, 5 janvier 1872 (*Journal officiel* du 6). — Troisième délibération et adoption de la loi par l'Assemblée nationale, 12 février 1872 (*Journal officiel* du 13). — Promulgation, le 19 février 1872 (*Journal officiel* du 20). — Rectification au texte. — (*Journal officiel du* 21).

cerne l'exécution du bail et les dommages-intérêts qui pourront lui être alloués par les tribunaux.

Au cas de non résiliation, le bailleur, une fois payé de tous les loyers échus, ne pourra pas exiger le paiement des loyers en cours ou à échoir, si les sûretés qui lui ont été données lors du contrat sont maintenues, ou si celles qui lui ont été fournies depuis la faillite sont jugées suffisantes.

Lorsqu'il y aura vente et enlèvement des meubles garnissant les lieux loués, le bailleur pourra exercer son privilége comme au cas de résiliation ci-dessus, et, en outre, pour une année à échoir à partir de l'expiration de l'année courante, que le bail ait ou non date certaine.

Les syndics pourront continuer ou céder le bail pour tout le temps restant à courir, à la charge par eux ou leurs cessionnaires de maintenir dans l'immeuble gage suffisant, et d'exécuter, au fur et à mesure des échéances, toutes les obligations résultant du droit ou de la convention, mais sans que la destination des lieux loués puisse être changée.

Dans le cas où le bail contiendrait interdiction de céder le bail ou de sous-louer, les créanciers ne pourront faire leur profit de la location que pour le temps à raison duquel le bailleur aurait touché ses loyers par anticipation et toujours sans que la destination des lieux puisse être changée.

Le privilége et le droit de revendication établis par le n° 4 de l'article 2102 du Code Civil, au profit du vendeur d'effets mobiliers, ne peuvent être exercés contre la faillite.

Art. 2. La présente loi ne s'appliquera pas aux baux qui, avant sa promulgation, auront acquis date certaine.

Toutefois, le propriétaire qui, en vertu desdits baux, a privilége pour tout ce qui est échu et pour tout ce qui est à échoir, ne pourra exiger par anticipation les loyers à échoir, s'il lui est donné des sûretés suffisantes pour en garantir le paiement.

CHAPITRE I.

RÉSILIATION DU BAIL.

SOMMAIRE.

SECTION I.

LÉGISLATION, DOCTRINE ET JURISPRUDENCE ANTÉRIEURES.

5. — L'ancien article 450 du Code de Commerce était ainsi conçu dans la loi de 1838 :

« Toutes voies d'exécution pour parvenir au paiement des loyers sur les effets mobiliers servant à l'exploitation ou au commerce du failli seront suspendues pendant trente jours à partir du jugement déclaratif de la faillite, sans préjudice des mesures conservatoires et du droit qui serait acquis au propriétaire de reprendre les lieux loués. — Dans ce cas, la suspension des voies d'exécution établies au présent article cessera de plein droit. »

6. — Cet article laissait entier le privilége du propriétaire. Seulement, pour laisser aux créanciers, quand ils voulaient continuer l'exploitation du fonds de commerce, la faculté d'entrer en arrangements avec le propriétaire; pour empêcher que celui-ci, usant de son droit rigoureux, ne fît saisir et vendre en un moment inopportun les marchandises ou les effets servant à l'exploitation : pour permettre la continuation des affaires, si on le décidait ainsi, la loi *suspendait*, pendant trente jours, *les voies d'exécution* pour parvenir à la vente des objets alimentant le privilége du propriétaire. Et encore ses prescriptions restaient sans effet si le propriétaire pouvait reprendre la possession des lieux loués. Ainsi « suspension, mais profond respect pour le privilége du locateur que rien ne peut jamais ni altérer, ni détruire (1). »

7. — L'application pure et simple de l'article 450 n'avait jamais donné lieu à des difficultés bien sérieuses. La doctrine, dans ses commentaires, admettait que les droits du propriétaire n'étaient suspendus qu'à l'égard des effets mobiliers servant à l'exploitation du fonds de commerce; qu'ils subsistaient dans toute leur force, contre les autres valeurs mobilières, notamment contre les meubles à l'usage personnel du failli (2).

8. — Il avait été jugé que la suspension devait avoir lieu alors

(1) Renouard, *Des faillites*, art. 450.
(2) Lainé, *Commentaire de la loi des faillites*, p. 7*.

même que sur les poursuites commencées avant la faillite, l'adjudication des effets saisis aurait été indiquée d'abord pour un jour antérieur à la déclaration de faillite, et aurait été ensuite, du consentement de toutes les parties, renvoyée à un autre jour avant l'échéance duquel la faillite aurait été déclarée (1). En effet, quand même le failli, encore *in bonis*, aurait consenti, vis-à-vis du propriétaire, à l'adjudication de ses meubles saisis, la survenance de la faillite avant l'adjudication, rend sans effet le consentement du failli vis-à-vis de la masse.

9.— Le jugement déclaratif arrêtait donc les poursuites du propriétaire, quel que fut le degré d'avancement auquel elles étaient parvenues, et quand même elles auraient été arrivées à la dernière période. Pourtant, elles pouvaient être continuées du consentement des syndics, seuls juges du point de savoir s'il était dans l'intérêt des créanciers de surseoir ou de passer outre à la vente du mobilier saisi.

10. — D'ailleurs, la suspension n'avait lieu que pendant trente jours à partir du jugement déclaratif. L'article 450 ne s'opposait donc point à l'action du propriétaire en paiement des loyers échus pendant la faillite (2).

11. — Enfin, l'article n'empêchait pas le propriétaire de prendre toutes mesures conservatoires, telles que l'établissement d'un gardien, pour surveiller les meubles qui se trouvaient dans les lieux loués, ou les oppositions entre les mains des sous-locataires. Et il cessait de recevoir son application quand le propriétaire avait le droit de reprendre

(1) Cass. 26 août 1844. — S. V. 44. 1. 741. — Dalloz, *Jur. gén.* v. Faillite et Banqueroute, n° 234.

(2) Lainé, *Commentaire de la loi des faillites*, p. 74.

les lieux loués; par exemple, quand, avant la faillite, il y avait eu congé signifié ou accepté, ou si le bail était expiré. Alors le locateur pouvait, malgré la faillite, diriger des poursuites contre son locataire failli, ou les continuer, si elles avaient été commencées (1). — Il devait en être de même si, au lieu de tirer son droit de la convention, le propriétaire le puisait dans l'inexécution des obligations de la part du locataire; par exemple, si les meubles garnissant les lieux loués avaient été détournés (2).

12. — Telles furent les applications faites par la doctrine plutôt que par la jurisprudence de la législation inaugurée en 1838. Elles ne présentent aucune complication et il ne devait pas en être autrement, car l'innovation était assez innocente. Elle ne touchait en rien aux droits du propriétaire, elle ne faisait que les paralyser pendant un temps très-court. L'article 450 ne devait pas, non plus, soulever de difficultés dans la pratique. Les trente jours qui suivaient le jugement déclaratif ne devaient pas suffire la plupart du temps aux pourparlers qui s'établissaient nécessairement entre les syndics et le propriétaire relativement à la location du failli : et presque toujours les choses devaient être entières à l'expiration du délai. Ce n'est donc pas la loi de 1838 qui amena les difficultés qui ont nécessité un remaniement dans la législation : c'est l'application du droit commun aux relations entre le propriétaire d'immeubles et le locataire failli.

13. — La loi des faillites laissait, en effet, sans les trancher, deux questions qui devaient trouver leur place dans presque toutes les faillites : la résiliation du bail et l'exercice du pri-

(1) Agnel, *Code des propriétaires*, n° 432.
(2) Esnault, *Traité des faillites et banqueroutes*, t. 1, n° 133.

vilége établi en faveur du propriétaire d'immeubles par l'article 2102 du Code Civil.

14. — La faillite du locataire donne-t-elle par elle-même au bailleur le droit de faire prononcer la résiliation du bail? — Il est évident, d'abord, qu'il ne peut être question d'une résiliation de plein droit, aucune loi ne donnant un tel effet à la faillite. Il ne peut s'agir que de la résiliation prononcée par les tribunaux. Le propriétaire a-t-il le droit de la demander et doit-il l'obtenir seulement par le motif que son locataire a fait faillite? C'est sur ce point que s'élève la controverse.

15. — De très-éminents jurisconsultes pensèrent que le contrat de bail était soumis, comme les autres, aux règles générales des obligations. Or, d'après les articles 1188, 1613 et 1655 du Code Civil, le débiteur ne peut plus réclamer le bénéfice du terme quand il a fait faillite; le vendeur n'est pas obligé de livrer la chose vendue, quoiqu'il ait accordé un terme pour le paiement, si, depuis la vente, l'acheteur est tombé en faillite; enfin, la résolution d'une vente d'immeubles doit être prononcée de suite, si le vendeur est en danger de perdre la chose et le prix. « Par la » même raison, le bailleur ne saurait être obligé d'attendre » les échéances ordinaires, lorsque la faillite du preneur » donne un juste sujet de craindre que les loyers ne soient » point exactement acquittés : il ne peut être condamné à » laisser continuer la jouissance lorsqu'il y a pour lui dan- » ger manifeste de n'en point recevoir le prix (1). » Et on ajoute que, dans le contrat de bail, les garanties réelles que la loi accorde au bailleur ne sont que l'accessoire, et qu'en

(1) Duvergier sur Toullier, *Du louage*, n° 538.

fait, elles n'entrent que pour très-peu de choses dans la détermination d'un propriétaire qui loue son immeuble (1).

16. — De son côté, M. Troplong soutient que l'article 1741 du Code Civil, qui énumère les causes de résiliation du bail, n'y range point la faillite du locataire. Elle ne pourrait devenir une cause de rupture qu'autant que le bailleur perdrait toute garantie de paiement, car il y aurait dès lors de la part du preneur manquement à une obligation principale du contrat (2).

17. — Quant à la jurisprudence, elle a ramené la discussion à une simple question de fait. Il a été décidé que la faillite du locataire n'est une cause de résiliation du bail que lorsque les droits du bailleur sont en péril : que notamment, il n'y a pas lieu à résiliation lorsque les créanciers offrent une caution ou un sous-locataire solvable, lorsque les loyers sont payés par anticipation, lorsqu'une clause du bail en autorise la résiliation de plein droit en cas de non-paiement de termes échus et après une mise en demeure restée sans effet (3). Il a été jugé aussi que le bail est résilié par la faillite du preneur si les syndics ne procurent pas les garanties suffisantes pour en assurer l'exécution. « Considérant, dit la » Cour de Paris, qu'aux termes de l'article 1741 du Code » Civil, le contrat de louage se résout par le défaut de la part » du bailleur ou du preneur de remplir leurs engagements ; » — que le bailleur a droit de compter, non-seulement sur » le paiement des loyers aux termes convenus, mais encore » sur la solvabilité de ses locataires : — que la faillite du » preneur détruit, à cet égard, les garanties sur lesquelles

(1) Duvergier, *Loc. cit.* Pardessus, *Droit commercial*, t. 4, n° 1128.

(2) Troplong, *Du louage*, n° 467.

(3) Paris 16 mars 1840. D. P. 1847, 2. 70. Caen. 25 août 1846, *eod.*

» le locateur avait le droit de compter; — considérant que, » dans l'espèce, les syndics ne présentent pas de garanties » suffisantes pour l'exécution à venir des clauses du » bail (1). »

Tel était l'état de la question. En résumé, la jurisprudence était fixée : elle n'admettait point que la faillite du locataire fut par elle-même une cause de résiliation du bail; elle ne l'autorisait que lorsqu'il était à craindre que le locataire ou ses ayants-cause ne pussent pas remplir les obligations de payer les loyers aux échéances.

En tous cas, un point demeurait incontesté : c'est qu'en admettant qu'il put y avoir lieu à prononcer la résiliation du bail, le propriétaire seul pouvait la demander, jamais le failli ou les syndics, et cela était évident, car la rupture du contrat était amenée par la faute du preneur.

C'est cet état de choses que le législateur a voulu consacrer pour que la question de résiliation fut désormais hors de controverse. Il l'a fait dans le nouvel article 450.

SECTION II.

NOUVEL ARTICLE 450.

§ 1. *Baux auxquels il s'applique.*

18. — Art. 450. Les syndics auront, pour les baux des immeubles affectés à l'industrie et au commerce du failli, y compris les locaux dépendant de ces immeubles et servant à l'habitation personnelle du failli et de sa famille, huit jours à partir de l'expiration du délai accordé par l'article 492 du Code de Commerce, aux créanciers domiciliés en France, pour la vérification

(1) Paris, 20 février 1847. D. P. 1847, 4, 325.

de leurs créances, pendant lesquels ils pourront notifier au propriétaire leur intention de continuer le bail, à la charge de satisfaire à toutes les obligations du locataire.

Cette notification ne pourra avoir lieu qu'avec l'autorisation du juge-commissaire, et le failli entendu.

Jusqu'à l'expiration de ces huit jours, toutes voies d'exécution sur les effets mobiliers servant à l'exploitation du commerce ou de l'industrie du failli et toute action en résiliation de bail seront suspendues, sans préjudice de toutes mesures conservatoires et du droit qui serait acquis au propriétaire de reprendre possession des lieux loués. — Dans ce cas, la suspension des voies d'exécution établie au présent article cessera de plein droit.

Le bailleur devra, dans les quinze jours qui suivront la notification qui lui serait faite par les syndics, former sa demande en résiliation.

Faute par lui de l'avoir formée dans ledit délai, il sera réputé avoir renoncé à se prévaloir des causes de résiliation déjà existantes à son profit.

19. — Ainsi, en cas de faillite du locataire, la résiliation du bail n'aura jamais lieu de plein droit; la faillite ne sera pas, par elle-même, une cause de résiliation; le propriétaire pourra seul la *demander;* et elle ne devra être ordonnée que s'il existe des causes de résiliation antérieures à la demande. De sorte que la faillite du locataire survenant pendant le cours d'un bail, en règle générale, il doit continuer à recevoir son exécution de la part du bailleur et de la part du preneur. Cependant un événement semblable peut avoir une influence capitale sur le contrat. Si le mobilier du failli est vendu, le preneur ne pourra plus accomplir son obligation de garnir la maison de meubles suffisants pour répondre du prix du loyer. D'un autre côté, il peut se faire que les syndics soient autorisés à continuer l'exploitation du fonds de commerce, alors ils ont tout intérêt à le faire dans les lieux loués et à ne pas résilier le bail pour l'avenir; le failli lui-même peut espérer recommencer ses affaires après avoir obtenu un concordat; enfin, le bailleur peut avoir des motifs pour re-

prendre son immeuble ou des causes de résiliation à faire valoir. En sorte que, quoique le bail doive continuer malgré la faillite du locataire, la question de résiliation se posera fatalement; il est nécessaire de la résoudre ; et la loi veut qu'elle soit posée, espérant que les parties en cause s'entendront facilement et qu'on évitera les contestations judiciaires. L'article 450 fournit les moyens et indique la procédure à suivre pour arriver à la solution pacifique que l'on désire.

20. — Mais avant d'entrer dans l'explication des détails de la loi, il importe de bien préciser les cas dans lesquels elle s'appliquera.

D'abord, il est bien entendu qu'il faut que le locataire ait été *déclaré* en faillite. On ne peut invoquer la loi nouvelle quand le preneur non commerçant sera en déconfiture, ni lorsqu'étant commerçant, il aura obtenu un contrat d'atermoiement de ses créanciers. La doctrine et la jurisprudence admettent bien que toutes les règles de la faillite doivent se suivre dans une liquidation par suite d'atermoiement, mais ici les décisions légales sont sans application possible. — Toute la procédure se passe entre le bailleur, les syndics et le juge-commissaire : on ne saurait la mettre en pratique dans le cas de contrat d'atermoiement, alors qu'il n'y a ni syndic ni juge-commissaire. On reste alors dans le droit commun. Nous retrouverons cette question quand nous traiterons de la réduction du privilége, et nous verrons quelle solution lui donner dans ce cas. En ce qui concerne la résiliation, il faut nécessairement supposer le locataire en faillite.

L'ancien article 450 suspendait les voies d'exécution sur les *effets mobiliers servant à l'exploitation du commerce du failli*. Le nouvel article, posant pour la première fois la question de résiliation, s'adresse aux baux des immeubles *affectés au commerce ou à l'industrie du failli, y compris les locaux servant à l'habitation personnelle du failli et de sa famille*. Le nouvel article 550 reproduit la même idée lorsqu'il réduit le privilége du propriétaire. La loi nouvelle tout entière n'apporte donc de modification au droit commun qu'en ce qui concerne les baux des immeubles dans lesquels s'exerce le commerce ou l'industrie du failli, sans distinguer entre les ateliers, les magasins et les locaux y attenant, consacrés à l'habitation du failli et de sa famille. Ces locaux ne sont qu'un accessoire de l'immeuble où s'exploite le commerce ou l'industrie, et il n'y a pas lieu d'appliquer des règles différentes selon que le droit du propriétaire s'exerce sur un point ou sur un autre du même immeuble. Ainsi, quand il s'agira, par exemple, d'une maison de campagne ou d'un appartement séparé des magasins ou ateliers du failli, on restera sous l'empire du droit commun, et à plus forte raison lorsque l'appartement servant à l'habitation personnelle du failli, quoique situé dans la même maison, n'appartiendra pas au propriétaire des ateliers ou des magasins. Cette solution est textuellement indiquée dans le rapport de la commission et ressort, d'ailleurs, très-clairement du texte de la loi.

21. — Cependant, il y a des commerçants, et ce ne sont pas les moins nombreux, qui n'ont ni magasins ni ateliers. Ainsi, les armateurs, les banquiers, les commissionnaires et bien d'autres, ont seulement des *bureaux*. Si ces bureaux ne font pas partie de l'appartement que le négociant habite avec sa famille, on devra distinguer ces deux locations, que les immeubles appartiennent au même propriétaire ou à des propriétaires différents. La location des bureaux sera donc soumise aux règles de nos articles, bien que les motifs qui les ont fait édicter doivent se rencontrer rarement en pratique; mais enfin, cette solution est la seule qui soit conforme au texte : il est certain que le local où sont établis les bureaux du failli est *spécialement affecté à son commerce*. La location de l'appartement habité par le failli et sa famille restera réglée par le droit commun. Il en sera de même si les bureaux font partie de l'habitation personnelle du failli. On peut, en effet, retourner l'argument du rapporteur de la loi et dire que les bureaux sont l'accessoire de l'habitation et qu'ils doivent suivre le même sort. On ne peut faire une ventilation pour une ou deux pièces garnies, le plus souvent, d'un mobilier insignifiant, et en définitive, « il n'y a pas lieu d'appliquer » des règles différentes selon que le droit du propriétaire » s'exerce sur un point ou sur un autre du même im- » meuble (1). »

Nous admettrons la même solution pour le cas où les bureaux du failli ne feraient pas partie de son appartement d'habitation; mais seraient situés dans la même maison et lui auraient été affermés par le même acte que son appartement et pour un prix unique.

C'est donc seulement dans l'hypothèse où les immeubles affermés seront affectés *principalement* au commerce ou à l'industrie du failli que les syndics, d'une part, le propriétaire, de l'autre, auront à se préoccuper des dispositions de la loi nouvelle, et quant à la résiliation (art. 450), et quant à la réduction du privilége (art. 550). C'est avec cette réserve qu'il faut entendre la loi elle-même et le commentaire qui va suivre.

22. — La loi ne distingue pas entre les baux écrits, ayant une durée fixée par la convention, et les baux faits sans

(1) Rapport de M. Delsol.

écrit, dont la durée est déterminée par l'usage des lieux. Nous ne ferons pas non plus de distinction, et nous pensons que la loi est applicable aux uns comme aux autres, quoiqu'il soit évident que le législateur ait eu principalement en vue les baux écrits. Toutefois, il est clair que pour les baux faits sans écrit, le propriétaire qui ne voudra pas continuer le bail au délai de l'échéance la plus prochaine aura avantage à donner congé, plutôt que de soulever la question de résiliation. Cependant les syndics ne pourraient pas se prévaloir de ce que le bail est fait sans écrit pour manquer au devoir que leur trace l'article 450. Il peut arriver que le propriétaire ait intérêt à faire résilier le bail, quand même il ne devrait pas se prolonger longtemps; si, par exemple, l'époque à laquelle il devait donner congé étant passée quand la faillite éclate, il veut rentrer en possession de son immeuble avant le terme d'usage et s'il a des causes de résiliation à faire valoir.

§ 2. *Notification à faire par les syndics.*

1. Quand il y a lieu de la faire.

23. — Quoique le droit de demander la résiliation, s'il y a lieu, appartienne au bailleur, l'initiative des démarches doit être prise par les syndics. Ils doivent *avertir le propriétaire de leur intention de continuer le bail, à la charge de satisfaire à toutes les obligations du locataire.*

L'utilité de la continuation du bail, dépend, en effet, de la résolution qu'ils prendront relativement à la continuation des affaires du failli. Si cette question est résolue affirmativement, ils ont tout intérêt à conserver les choses dans l'état où elles sont, et les syndics sont seuls juges de l'opportunité de cette décision. Il est vrai qu'alors on ne fait que continuer ce qui existe; qu'exécuter le contrat de bail, et que, rigoureusement, il n'y aurait qu'à laisser les choses suivre leur cours naturel et légal. Mais le bailleur peut avoir des causes de résiliation à faire valoir. — La plus fréquente sera sans contredit le défaut de paiement du loyer pour des termes échus, — et il faut qu'il soit mis en demeure de s'expliquer pour que la continuation des affaires dans les lieux loués ne soit pas arrêtée par une résiliation du bail dont la cause aurait été inconnue des syndics.

En outre, l'initiative ne saurait être prise par le propriétaire qui n'est point dans le secret des opérations de la faillite, qui peut même ignorer le mauvais état des affaires de son locataire, quoique cela ne soit guère présumable. En tous cas, il vit sur la foi des traités : il y a un bail exécuté par lui dans le passé; il ne peut jusqu'à nouvel ordre que se maintenir dans les liens de son contrat, et il ne peut rien demander au failli ni à ses ayants-cause, s'il n'a pas de motifs de résiliation à faire valoir.

Enfin, la question de résiliation doit être posée dans un délai dont le point de départ est subordonné à la longueur des opérations de la vérification des créances. Les syndics seuls peuvent savoir à quel moment le délai commencera à courir.

Les syndics doivent donc avertir le propriétaire que rien ne devra être changé pour lui dans l'état de choses antérieur et que les obligations qui sont à la charge du locataire seront exécutées.

24. — Mais le bailleur peut avoir des craintes légitimes que ces obligations ne soient pas exécutées dans l'avenir. Les syndics devront donc lui faire connaître aussi les garanties qu'ils prétendent lui offrir pour sauvegarder ses intérêts,

soit une caution, soit de payer les loyers par anticipation, soit de maintenir dans les lieux des meubles et des marchandises en quantité suffisante pour répondre du prix du loyer, si l'exploitation du fonds de commerce est continuée, soit un sous-locataire, si le fonds de commerce a été cédé à un tiers. Si le propriétaire ne juge pas les garanties qui lui sont offertes suffisantes pour le mettre à l'abri du danger de perdre la jouissance de son immeuble et le prix, ce sera le cas de demander la résiliation du bail, et il appartiendra aux tribunaux de décider.

25. — Si les syndics n'entendent pas continuer le bail doivent-ils en avertir le propriétaire? — Ils n'y sont pas tenus, et on reste sous l'empire du droit commun. En effet, si les syndics n'entendent pas continuer le bail, il se produira une cause de résiliation postérieure à la faillite, et du chef du failli; le plus souvent ce sera parce que l'exploitation du fonds de commerce n'étant pas continuée, le locataire ne pourra exécuter son obligation de garnir les lieux de meubles suffisants. Le bailleur pourra la faire valoir quand il le voudra sans crainte d'être forclos par l'expiration du délai qui lui est imparti par la loi pour présenter les causes de résiliation actuelles. Mais il n'en est pas moins vrai qu'il devra s'abstenir de toutes voies d'exécution et ne pas intenter sa demande en résiliation tant que le délai de l'article 450 ne sera pas écoulé. S'il agissait auparavant les syndics pourraient lui opposer une exception dilatoire, ainsi que nous le verrons plus loin. (V. n° 39.)

26. — Toute notification préalable de la part des syndics serait également inutile, si la résiliation du bail était motivée par le fait du propriétaire. Cette hypothèse est régie par le droit commun. Il faut, d'ailleurs, supposer que la cause drésiliation s'est produite avant la faillite, et il est clair que les syndics ne notifieront point leur intention de continuer un bail auquel ils entendent mettre fin parce que le bailleur n'a pas accompli ses obligations. Ils intenteront donc leur demande à leur heure, sans être tenus d'avertir le propriétaire qui est en faute. A plus forte raison, leur droit reste entier si la cause de résiliation de la part du bailleur se produit après qu'il aura été convenu que le bail sera continué.

Ce sera donc seulement dans le cas où les créanciers voudront continuer le bail que les syndics auront à faire la notification prescrite par l'article 450. S'ils ne la font pas dans le délai déterminé par le même article, le droit commun reprend son empire ; et le propriétaire pourra, à quelque époque que ce soit, demander la résiliation du bail, en se fondant même sur des causes qui existaient au moment de la faillite.

II. De l'autorisation du juge-commissaire.

27. — Cette notification ne pourra avoir lieu qu'avec l'autorisation du juge-commissaire et le failli entendu.

Les documents législatifs sont muets sur la portée de cette disposition de l'article 450. D'où la conséquence que pour en régler l'application, il faut se reporter à la loi des faillites.

28. — Et d'abord, de quoi s'agit-il ? — Est-ce de la notification elle-même, ou de l'acte qui la motive, c'est-à-dire de la résolution de continuer le bail ? — Il nous semble que le législateur n'a pu avoir en vue que cette dernière hypothèse. En effet, la notification matérielle, quelqu'en soit la forme, n'est qu'une mise en demeure faite au propriétaire de révéler dans un délai de quinzaine les causes de résiliation du bail existant à son profit. C'est moins qu'un acte

conservatoire et cependant on peut l'assimiler à celui qui interromperait une prescription. Or, pour faire des actes conservatoires simples, les syndics n'ont pas besoin de solliciter une ordonnance du juge-commissaire, ni surtout d'appeler le failli. Sous un autre rapport, s'il s'agissait seulement de l'acte de notification, la disposition du nouvel article 450 serait sans sanction possible. Car si la notification était faite sans que le juge-commissaire l'eut ordonnée, elle aurait cependant tout l'effet qu'elle doit produire vis-à-vis du propriétaire. En effet, ce que la loi veut pour lui, c'est qu'il soit mis en demeure, et elle charge les syndics de cette mission; du moment qu'elle est accomplie la loi est satisfaite. Et d'ailleurs, qu'elle pourrait être la sanction? C'est que la notification étant irrégulière en la forme, devrait être considérée comme nulle. Ce résultat serait déjà contraire aux principes généraux du droit qui ne permettent pas de suppléer des nullités de forme lorsque la loi ne les a pas établies. — Même en laissant de côté les principes, la notification étant considérée comme non-avenue, le propriétaire ayant des causes actuelles de résiliation à faire valoir, pourrait les produire après le délai de quinzaine à partir de la notification, et alors, si la demande du propriétaire occasionnait un préjudice à quelqu'un, les syndics seraient personnellement responsables des suites de l'irrégularité qu'ils auraient commise. Mais ce résultat ne pourrait pas se produire, car précisément le propriétaire ne pourrait se prévaloir de cette nullité de forme, pour dire qu'il a pu garder le silence pendant la quinzaine parce qu'il était censé n'avoir pas été mis en demeure. Rien ne nous autorise à penser qu'il doive être à même de vérifier si le failli a été entendu et si le juge-commissaire a autorisé la notification. Comment le saurait-il, si on ne lui dit pas? — Et qui oblige à le lui dire? Le propriétaire recevant la notification faite à la requête des syndics, n'a aucun moyen de s'assurer que les formalités préalables ont été observées; et vraiment, il n'a point à s'en préoccuper! Les représentants légaux de son locataire lui font connaître leur intention de continuer le bail et les garanties qu'ils lui offrent; il n'a rien à voir autre chose. Vis-à-vis de lui, la mise en demeure voulue par la loi est toujours bien faite, et du moment qu'il la reçoit, le délai qui lui est imparti pour se pourvoir commence à courir immédiatement. De sorte qu'il serait inutile de dire que la notification devra être précédée de l'autorisation du juge-commissaire, puisque la notification serait *nécessairement* valable sans cette autorisation.

Ainsi, dans la disposition de l'article 450 qui exige que la *notification* soit faite avec l'autorisation du juge-commissaire, le failli entendu, il ne peut s'agir de l'acte de notification lui-même; d'abord, parce que c'est une simple mise en demeure que les syndics peuvent faire en vertu de leur propre pouvoir; ensuite, parce que la loi pourrait être impunément violée, puisqu'elle n'aurait pas de sanction.

29. — Le législateur, en parlant de la notification, a pensé à la résolution qui devait être prise de continuer le bail; résolution que l'on doit notifier au propriétaire. Ainsi entendue, la pensée de la loi se comprend et s'explique. La question du bail est toujours assez importante, pour que, lors même que la faillite n'aurait pas de moyens pour le faire cesser, elle soit soumise à l'appréciation du juge-commissaire. Elle est du nombre de celles qui tombent au premier chef sous le contrôle qu'il doit exercer sur toutes les opérations de la faillite (art 452 du Code de Commerce) (1).

(1) Art. 452, Cod. de Com — Le juge-commissaire sera chargé spécialement d'accélérer et de surveiller les opérations et la gestion de la faillite.

Elle se lie intimement, d'ailleurs, à l'exploitation du fonds de commerce, qui ne peut être continuée qu'avec l'autorisation du juge-commissaire (art. 470 du Code de Commerce) (1).

30. — L'article 470 n'exige pas, comme le nouvel article 450, que le failli soit entendu. On avait conclu de là qu'il n'était pas nécessaire de le consulter pour la vente des objets sujets à dépérissement ou dispendieux à conserver, ni même sur l'exploitation du fonds de commerce (2). Sur ce dernier point, au moins, cette interprétation est critiquable. En tous cas, elle ne devra pas prévaloir dans la question de continuation du bail, puisque l'article 450 prend soin d'exiger que le failli soit entendu. Cette inovation, si toutefois c'en est une, se justifie par des motifs puissants.

Le failli aurait mauvaise grâce à s'opposer à la vente des objets sujets à dépérissement ou dispendieux à conserver. Il a un intérêt manifeste quand il s'agit de l'exploitation du fonds de commerce. Cependant, comme il ne peut s'agir que d'une liquidation progressive, et non d'une continuation réelle du commerce (3), on comprend qu'à la rigueur les déterminations du juge-commissaire sur ces objets puissent être prises sans qu'on ait besoin de consulter le failli. Il en est bien autrement quand il s'agit de la continuation du bail. D'abord, le failli est peut-être le seul qui soit en mesure de donner les renseignements nécessaires pour décider la question. Ensuite, il est sans contredit le plus intéressé à sa solu-

(1) Art. 470, Cod. de Com. — La vente des objets sujets à dépérissement ou à dépréciation immédiate, ou dispendieux à conserver, et l'exploitation du fonds de commerce auront lieu à la diligence des syndics sur l'autorisation du juge-commissaire.

(2) Duvergier, *Collection de lois*, 1838, p. 386. Esnault, t. 1er, n° 207.

(3) Bedarride, art. 470.

tion. S'il espère reprendre les affaires après avoir obtenu un concordat, il pourra trouver un avantage considérable à rester là où il est installé, là où il est connu. Si, au contraire, il ne veut pas continuer son exploitation, il devra s'efforcer de se décharger d'un bail qui ne serait plus qu'un fardeau inutile. On comprend donc que le juge-commissaire doive l'entendre avant de décider la continuation du bail.

31. — Maintenant, quelle sera la sanction de cette disposition de la loi ? — Qu'arriverait-il si les syndics notifiaient leur intention de continuer le bail sans avoir pris l'autorisation du juge-commissaire; qu'arriverait-il si l'ordonnance était rendue sans que le failli eut été entendu?

Dans le premier cas, si le fait des syndics causait un préjudice à quelqu'un, ils seraient personnellement responsables. Si, par exemple, ils avaient mis à la charge de la faillite ou du failli un bail onéreux, alors qu'il y aurait des causes de résiliation à faire valoir contre le propriétaire, en tout cas, des motifs qui permettraient d'y mettre fin.

Dans le second cas, le failli pourrait se pourvoir contre l'ordonnance du juge-commissaire qui aurait été rendue contrairement aux prescriptions de la loi. On suivrait pour cela les formes indiquées par l'article 466 du Code de Commerce, c'est-à-dire que l'opposition du failli serait jugée en premier ressort par le juge-commissaire, sauf appel devant le Tribunal de commerce. C'est ainsi que l'on opère notamment quand on veut critiquer l'ordonnance qui statue sur l'exploitation du fonds de commerce (1); et il y a des raisons d'analogie frappantes pour décider de la même façon.

Il faut prendre garde qu'il ne s'agit point ici d'une contestation relative à l'exécution du bail qui serait de la com-

(1) Bedarride, art. 470.

pétence du Tribunal civil. Dans l'hypothèse que nous supposons, le bail n'est pas mis en question ; le propriétaire n'est point en cause ; il s'agit d'une réclamation contre une opération des syndics qui n'ont point appelé le failli ; l'article 466 s'applique sans qu'un conflit de compétence soit possible (1).

32. — L'autorisation du juge-commissaire doit donc être rendue, le failli entendu, et, quoique la loi ne le dise pas, il suffit qu'il soit appelé. On ne peut exiger que la décision relative au bail ne soit prise que sur l'avis conforme du failli ; si bien qu'il pourrait entraver la liberté des syndics qui administrent sous leur propre responsabilité. Il n'y a qu'un cas, autrement grave que celui qui nous occupe, dans lequel le failli puisse mettre son *veto* à une mesure prise par les syndics ; c'est lorsqu'il s'agit d'une transaction sur les biens immobiliers consentie avant le concordat (art. 487 du Code de Commerce).

En disant que le failli doit être entendu on ne veut donc pas, et on n'a jamais voulu dire qu'il dût donner son approbation ; on veut le mettre à même de fournir ses explications ; pour cela, il faut qu'il soit mis en demeure ; on doit donc l'appeler. Que s'il ne comparait pas, il ne pourra pas former opposition à l'ordonnance, comme lorsqu'il n'aura pas été appelé ; car il dépendrait de lui d'empêcher toute résolution relative au bail et de mettre un obstacle insurmontable à l'exécution de la loi.

(1) **Art. 466, Cod. Com. — S'il s'élève des contestations contre quelqu'une des opérations des syndics, le juge-commissaire statuera, dans le délai de trois jours, sauf recours devant le Tribunal de commerce.**

III. Délai dans lequel la notification doit être faite.

33. —La décision de continuer le bail étant prise, les syndics ont le devoir de la notifier au propriétaire dans un délai que la loi détermine, c'est-à-dire dans les huit jours qui suivent l'expiration du délai accordé par l'article 492 du Code de Commerce aux créanciers domiciliés en France pour la vérification des créances (1).

Le délai est donc plus ou moins long, suivant que parmi les créanciers de la faillite, il s'en trouvera qui seront domiciliés plus ou moins loin du lieu où siège le Tribunal saisi de l'instruction de la faillite.

En dehors de toute autre considération de fait ou d'équité, cette nouvelle disposition de la loi justifie le soin qu'elle a pris de mettre à la charge des syndics l'initiative des démarches vis-à-vis du propriétaire. Eux seuls savent quels sont les créanciers du failli, et quels sont les délais accordés à chacun d'eux pour produire. Eux seuls peuvent savoir

(1) Art. 492, Cod. Com. — Les créanciers qui, à l'époque du maintien ou du remplacement des syndics, en exécution du troisième paragraphe de l'article 462, n'auront pas remis leurs titres, seront immédiatement avertis par des insertions dans les journaux et par lettres du greffier, qu'ils doivent se présenter en personne ou par fondés de pouvoir, *dans le délai de vingt jours*, à partir desdites insertions, aux syndics de la faillite, et leur remettre leurs titres accompagnés d'un bordereau indicatif des sommes par eux réclamées, si mieux ils n'aiment en faire le dépôt au greffe du Tribunal de commerce; il leur en sera donné récépissé.

A l'égard des créanciers domiciliés en France, hors du lieu où siège le Tribunal saisi de l'instruction de la faillite, *ce délai sera augmenté d'un jour par cinq myriamètres de distance entre le lieu où siège le Tribunal et le domicile du créancier.*

Art. 493. La vérification des créances commencera dans les trois jours de l'expiration des délais déterminés par les premier et deuxième paragraphe de l'article 492.

quand ces délais seront expirés et quand il sera temps pour eux de remplir le devoir que la loi leur impose.

Il s'agit ici de l'acte matériel de la notification, de la mise en demeure qui doit être faite au propriétaire dans les huit jours indiqués. Que faudrait-il décider si elle était faite avant ou après ce délai? Le rapport de la commission s'explique formellement pour le cas où la notification serait faite après les huit jours. « Alors, on resterait dans le droit » commun, et le propriétaire pourrait toujours invoquer » toutes les causes de résiliation ouvertes à son profit (1). » Or, il pourrait résulter de là un grave préjudice. Dans la pensée de la loi, clairement manifestée par le rapporteur de la commission, la question du bail doit être tranchée avant le concordat. Intimement liée avec celle de l'exploitation du fonds de commerce, soit par le failli, après qu'il aura obtenu un concordat, soit par un cessionnaire qui pourra exploiter dans les lieux loués, la question du bail peut avoir une certaine influence sur l'esprit des créanciers délibérant sur le concordat et entrer pour beaucoup dans les propositions que le failli peut leur faire. Si nous supposons qu'après le concordat le propriétaire puisse invoquer avec succès une cause de résiliation qui existait antérieurement, tous les calculs qu'on avait faits se trouvent faux, tous les avantages qu'on avait espérés se trouvent anéantis. Les syndics seraient alors personnellement responsables des conséquences qu'entraînerait l'inobservation de la loi. D'un autre côté, si on suppose que par suite du retard des syndics à faire la notification, le propriétaire soit encore dans les délais pour intenter sa demande en résiliation lorsqu'on devra procéder au concordat et que

(1) Rapport de M. Delsol.

l'incertitude sur le sort du bail le fasse rejeter, la responsabilité des syndics pourra encore se trouver engagée.

34. — Si la notification ne doit pas être faite après les huit jours à peine d'engager la responsabilité des syndics si le retard cause un préjudice à quelqu'un, elle peut être faite avant que les délais accordés aux créanciers pour produire soient expirés. Le rapport ne s'en explique pas, mais c'est la conséquence des principes généraux. Il est vrai qu'alors la demande du propriétaire pourra se produire avant l'heure fixée par la loi, mais il est évident que c'est seulement dans l'intérêt des créanciers que l'article 450 suspend les voies d'exécution et la demande en résiliation jusqu'à l'expiration des huit jours; c'est pour leur donner le temps de prendre toutes mesures pour l'exploitation du fonds de commerce et particulièrement pour la continuation du bail. On est toujours maître de renoncer à un droit. Si la décision des syndics est prise de bonne heure, ils n'ont pas besoin d'attendre l'expiration des délais édictés en leur faveur, et ils peuvent mettre le propriétaire en demeure de se prononcer dès qu'ils sont prêts. Cette solution résulte, d'ailleurs, des termes mêmes du rapport qui s'exprime ainsi : « Votre com-
» mission a pensé qu'il convenait de permettre aux syndics
» de faire leur notification *jusqu'à l'expiration des huit*
» *jours* qui suivront le délai accordé par l'article 492 du
» Code de Commerce aux créanciers domiciliés en France
» pour la vérification de leurs créances. » C'est donc l'expiration du délai, le jour *ad quem*, qui est fixé par la loi ; et les syndics ne sont pas obligés d'attendre le commencement du délai pour faire la notification.

Le propriétaire ne saurait se plaindre ; car il ne peut faire valoir que les causes de résiliation existantes lors de la faillite ;

et d'un autre côté, il pourra exécuter plus promptement s'il y trouve un avantage.

IV. Dans quelle forme doit être faite la notification.

35. — La notification doit être faite par un acte ayant date certaine, puisqu'elle est le point de départ du délai accordé au propriétaire pour intenter sa demande en résiliation. Le plus simple est de faire un acte d'huissier. Les syndics ne sauraient être trop vigilants à cet égard. La notification est le premier acte d'une procédure qui est de la compétence du Tribunal civil, et on ne saurait être trop attentif aux détails de forme. Si nous insistons, c'est que souvent, dans les faillites, les formes sont singulièrement négligées. Cela n'a point d'inconvénients sérieux quand les contestations sont portées devant le Tribunal de commerce qui peut toujours se faire éclairer par le rapport verbal du juge-commissaire. Il n'en serait pas de même devant le Tribunal civil où le juge-commissaire n'a pas accès.

Ainsi, la notification devra être faite par un acte d'huissier ; et il sera bon de signifier en tête de l'acte la copie de la requête des syndics et de l'ordonnance du juge-commissaire autorisant la notification, afin qu'on puisse se convaincre que toutes les formalités voulues par la loi ont été observées.

§ 3. *De la demande en résiliation du bail.*

36. — La notification, une fois faite, le propriétaire a quinze jours pour y répondre et pour former sa demande en résiliation.

« Faute par lui de l'avoir formée dans ledit délai, il sera réputé avoir renoncé à se prévaloir des causes de résiliation déjà existantes à son profit. »

Cette disposition de la loi est suffisamment claire. Le propriétaire ne peut opposer à la volonté des syndics de continuer le bail que les causes de résiliation existantes lors de la faillite.

37. — C'est ici le lieu d'examiner quelle sera l'application de la loi nouvelle dans le cas où un pacte commissoire aura été inséré dans la convention du bail. On n'est pas d'accord sur l'effet de cette clause même en droit commun. Nous ne voulons pas entrer ici dans l'examen de la question et nous suivrons les solutions adoptées par la majorité des auteurs et de la jurisprudence.

Le pacte commissoire peut se produire sous trois formules :

1° Les parties ont convenu purement et simplement, mais expressément, que le bail serait résolu dans le cas où l'une d'elles n'exécuterait pas ses obligations ;

2° Elles ont convenu qu'alors le contrat serait résolu *de plein droit* ;

3° Enfin elles ont convenu que le bail serait résolu de *plein droit*, et elles ont ajouté « *sans qu'il soit besoin de mettre la partie en demeure* par une sommation ou autrement (1). »

Dans le premier cas, lorsque les parties n'ont fait que renouveler expressément la condition résolutoire tacite de l'article 1184 du Code Civil, on reste dans les termes de cet article : la résolution ne peut être que judiciaire (2) ; dès-lors, elle doit être demandée ; dès-lors il y a lieu d'appliquer le

(1) Demolombe, *Traité des contrats*, t. 2, n° 547 et suiv.

(2) Art. 1184 du Code Civil. — La condition résolutoire est toujours

nouvel article 450 du Code de Commerce. Et, spécialement, si le bailleur demande la résolution parce que le failli n'a pas payé les termes de loyers échus, sa prétention pourra être repoussée si les syndics, voulant continuer le bail, lui offrent ce qui lui est dû pour le passé, et des garanties suffisantes pour l'avenir.

Si l'on applique purement et simplement l'article 1184, les syndics pourraient même demander un délai pour payer les termes échus. Cependant, nous ne voulons pas aller jusque là : les parties, en stipulant expressément la clause résolutoire, ont entendu fortifier les garanties que leur donnait la loi. Si elles n'ont pu y déroger en ce sens que la résolution devra être demandée à la justice, il faut bien que la dérogation très-licite qu'elles ont faite ait une sanction, et nous la trouvons dans l'impossibilité pour le juge d'accorder un délai (1).

Dans le deuxième cas, il a été dit dans le bail que si le preneur ne payait pas dans un certain délai, généralement après sommation ou commandement, le bail serait résolu *de plein droit*. Si nous supposons la mise en demeure faite et restée sans effet, il n'est pas nécessaire que la résiliation soit demandée en justice ; elle a lieu de *plein droit*. Alors, les § 1, 2 et 4 de l'article 450 n'ont pas d'application pos-

sous-entendue dans les contrats synallagmatiques, pour le cas où l'une des deux parties ne satisfera point à son engagement.

Dans ce cas, le contrat n'est point résolu de plein droit. La partie envers laquelle l'engagement n'a point été exécuté, a le choix, ou de forcer l'autre à l'exécution de la convention lorsqu'elle est possible, ou d'en demander la résolution avec dommages-intérêts.

La résolution doit être demandée en justice, et il peut être accordé au défendeur un délai suivant les circonstances.

(1) V. un arrêt de Dijon, du 31 juillet 1817. Dalloz, *Jur. gén.* V° *Louage*, n° 335, note 2.

sible; les syndics ne peuvent prétendre continuer un bail qui est résolu, même en offrant de payer les termes échus. Le propriétaire a le droit de reprendre possession de son immeuble: la position est gouvernée par le 3me paragraphe de l'article 450.

Enfin, dans la troisième hypothèse, les parties sont convenues que faute par le preneur de payer à échéance, le bail serait résilié de *plein droit,* sans *qu'il soit besoin de le mettre en demeure par une sommation ou autrement.*

L'expiration du délai suffit pour opérer irrémissiblement la résolution du contrat: on rentre dans l'hypothèse précédente.

Dans ces deux cas, le propriétaire n'aura pas besoin de faire sa demande en résiliation dans le délai voulu, il n'a point de demande à intenter.

Il n'est pas besoin de faire remarquer que cette solution n'est point contraire avec le principe que pose la loi nouvelle, à savoir que la faillite n'est pas par elle-même une cause de résiliation du bail; et que dans les hypothèses qu'elle prévoit, il ne peut être question de la résiliation de plein droit (V. *suprà,* nos 14 et 19). Ici, ce n'est pas la faillite qui entraîne la résolution du bail, il était résolu avant qu'elle éclatât.

§ 4. *De la suspension des voies d'exécution et de l'action en résiliation.*

38. — Il eût été inutile de fixer un délai pendant lequel les syndics pourraient notifier au propriétaire leur intention de continuer le bail, si celui-ci pouvait, pendant la durée de ce délai, soit procéder à des voies d'exécution, soit faire résilier le contrat. « La question serait en quelque sorte ré-

» solue avant d'avoir été posée (1). » De là, le troisième paragraphe de notre article qui reproduit à peu près l'ancien article 450. Les différences consistent en ce que le délai pendant lequel les voies d'exécution de la part du propriétaire sont suspendues, n'est plus un délai fixe de trente jours à partir du jugement déclaratif; c'est un délai variable suivant le temps accordé pour la vérification des créances: et en ce que, dans le nouvel article, l'action du propriétaire en résiliation du bail est suspendue comme les voies d'exécution, ce qui n'était pas prévu dans la législation antérieure.

39. — Quant au délai, il pourra s'élever une difficulté en pratique, parce qu'il ne sera pas toujours donné au propriétaire de savoir quand il expirera, puisque, encore une fois, il n'est pas dans le secret des opérations de la faillite. Il pourrait donc arriver qu'il voulût agir avant que le délai soit expiré. Cependant il ne court aucun danger à retarder son exécution. Les syndics ne peuvent continuer le bail qu'en indemnisant le propriétaire pour le passé et en lui fournissant des garanties pour l'avenir. Tant que leur notification n'est pas faite, les lieux doivent rester garnis des meubles qui y avaient été déposés par le failli; le gage du bailleur reste intact; si bien que, si une partie quelconque en était divertie, la suspension imposée par la loi cesserait immédiatement. Donc, dès que le propriétaire verra que les syndics procèdent à la vente du mobilier, il sera évident qu'ils n'entendent pas continuer le bail, alors il pourra exécuter, même avant l'expiration du délai. En tout cas, s'il exécutait même auparavant, on ne pourrait lui reprocher d'aller trop vite puisqu'il lui est impossible de savoir quand il pourra agir. Alors il semble naturel que les

(1) Rapport de M. Delsol.

syndics, étant dans les délais que l'article 450 leur accorde pour délibérer sur la question de savoir s'ils continueront ou ne continueront pas le bail, pourront opposer une exception dilatoire à l'action du propriétaire. En définitive, rien n'est plus simple; car les moyens d'exécution ne peuvent consister que dans la saisie des meubles garnissant les lieux loués.

Le propriétaire pourra toujours faire commandement et même procéder à la saisie; mais les syndics pourront demander qu'il soit sursis à la vente jusqu'à l'expiration du délai qui leur est accordé pour faire connaître leur résolution de continuer le bail. Alors, de deux choses l'une, ou ils feront la notification prescrite et aux conditions que nous avons indiquées et le propriétaire étant désintéressé donnera mainlevée de la saisie; ou bien le bail ne sera pas continué, et alors le propriétaire suivra sur la saisie qu'il aura pratiquée.

40. — La seconde différence que nous avons signalée entre l'ancien et le nouvel article 450 est relative à l'action en résiliation qui se trouve aujourd'hui suspendue comme les voies d'exécution, tandis qu'il n'en était pas question autrefois. A ce sujet un amendement avait été proposé tendant à supprimer de l'article ces mots : « et toutes actions en résiliation. » Cet amendement fut repoussé par la commission, et son auteur n'insista pas lors de la discussion pour le maintenir. Toutefois nous croyons devoir reproduire les motifs qui ont fait admettre l'innovation introduite par l'article 450, parce qu'ils accusent surabondamment les inspirations du législateur dans toute cette partie de la loi relative à la résiliation du bail.

« Lorsque la faillite éclate, a dit le rapporteur, quelle est » la cause habituelle de résiliation qui existe au profit du

» bailleur ? Cette cause est presque toujours le non paiement
» des loyers échus. Quel but poursuit la loi qui vous est sou-
» mise ? Cette loi tend à faciliter la continuation par les
» syndics, par la masse des créanciers, du bail qui existe au
» profit du failli. Nous avons pensé qu'il n'y avait aucun in-
» convénient à suspendre l'action en résiliation, comme l'ar-
» ticle 450 ancien du Code de Commerce suspendait toutes
» les voies d'exécution. Et, en effet, lorsque le syndic se
» sera rendu un compte exact des forces et des ressources de
» la faillite, évidemment le procès en résiliation qui au-
» rait été fait par le propriétaire se trouvera presque tou-
» jours sans objet.

» De deux choses l'une : ou bien le syndic sera en me-
» sure de satisfaire à toutes les obligations du bail et de
» payer tous les loyers arriérés, et alors l'action en résilia-
» tion s'évanouira puisque le bailleur sera complètement dé-
» sintéressé ; ou bien, au contraire, le syndic ne trouvera
» pas dans la faillite des ressources suffisantes pour payer
» les loyers arriérés et continuer le bail, et alors il est évi-
» dent qu'il ne se refusera pas à la résiliation du bail, la-
» quelle aura ainsi lieu par le consentement réciproque des
» deux parties. De cette manière seront épargnés à la faillite
» les frais d'un procès inutile, d'un procès qui sera évité,
» on peut le dire, dans l'immense majorité des cas qui se
» présenteront (1). »

41. — Aux termes du § 3 du nouvel article 450, les voies d'exécution sont suspendues sur *les effets mobiliers servant à l'exploitation du commerce ou de l'industrie du failli*. Le propriétaire peut donc saisir et vendre les meubles du failli garnissant les immeubles dans lesquels ne s'exerce pas le

(1) *Journal officiel* du 13 février 1872.

commerce ou l'industrie du failli. Cela est évident, puisque la loi nouvelle ne s'applique même pas, quant à la résiliation, aux baux des immeubles qui n'ont pas une destination industrielle et commerciale (V. nos 20 et 21). Mais la différence de rédaction entre le 1er et le 3e paragraphes de notre article nous entraîne plus loin, et nous pensons qu'il faut décider que le propriétaire de l'immeuble dans lequel le failli exercera son commerce ou son industrie, et dans lequel il aura des locaux affectés *accessoirement* à son habitation personnelle et à celle de sa famille, pourra exécuter sur les meubles garnissant l'appartement affecté à l'habitation, s'il ne peut pas exécuter sur les marchandises et le mobilier industriel, quoiqu'il ne puisse pas demander la résiliation du bail pour une partie de la location.

Le texte indique cette solution. Dans le premier paragraphe où il s'agit de la location tout entière, la loi range sur la même ligne les immeubles affectés à l'industrie et au commerce du failli et les locaux dépendant de ces immeubles servant à l'habitation du failli et de sa famille. Et le rapporteur nous indique qu'en ce qui concerne l'existence du bail, il n'y a pas lieu d'établir un droit différent suivant qu'il s'exerce sur un point ou sur un autre du même immeuble. Dans le § 3, la distinction entre les meubles personnels et les meubles industriels ne se montre pas ; et la oi dit simplement : « toutes voies d'exécution sur les effets mobiliers servant à l'exploitation DU COMMERCE ET DE L'INDUSTRIE du failli. » *Qui dicit de uno negat ne altero.* Puis ensuite vient la suspension de l'action en résiliation qui est générale.

Il doit en être ainsi quand on consulte les motifs du législateur. Il a voulu, nous dit-il lui-même, faciliter la continuation des affaires dans les lieux loués. Il importe donc beaucoup que les marchandises et le mobilier industriel ne soient pas saisis et vendus avant que la résolution de continuer le bail soit prise. — Mais qu'importe à la continuation des affaires le mobilier personnel du failli! Et si on comprend que lorsqu'il s'agit du droit au bail, les appartements doivent être considérés comme l'accessoire de la location industrielle et qu'on ne veuille pas appliquer des règles différentes suivant que le droit du propriétaire s'exerce sur un point ou sur un autre du même *immeuble* qui est indivisible sous ce rapport, qui empêche de faire une distinction quant aux *meubles* qui n'ont pas la même destination ni la même importance? En résumé, il est difficile de scinder une location, mais rien n'est plus facile que de saisir et vendre plusieurs objets déterminés.

§ 5. *Du droit du propriétaire de reprendre possession de son immeuble et des actes conservatoires.*

42. — Mais tout ce que nous venons de dire sur le droit des syndics de continuer le bail, sur les restrictions mises à l'exercice du droit du propriétaire, en un mot, toutes les prescriptions de la loi nouvelle ne font point obstacle à ce que le propriétaire prenne toutes les mesures conservatoires qu'il croira utiles; et, en outre, tout cela sera sans application quand le bailleur aura un droit acquis de reprendre possession de son immeuble.

La partie du nouvel article 450 (§ 3, *in fine*) qui édicte ce droit est textuellement empruntée à l'ancien article 450. Il n'est pas besoin de reproduire ici le résumé des commentaires que nous en avons donné (V. *suprà*, n° **11.**) Rappelons seulement, que ce serait l'occasion pour le propriétaire d'invoquer le pacte commissoire qui lui permettrait de considérer le bail comme résilié (V. n° 37).

CHAPITRE II.

RÉDUCTION DU PRIVILÉGE.

SOMMAIRE

SECTION I.

LÉGISLATION ET JURISPRUDENCE ANTÉRIEURES.

43. — La seconde question que la loi de 1838 n'avait pas tranchée et qu'elle avait laissée sous l'empire du droit commun, est celle qui a pour objet l'étendue du privilége du propriétaire sur le prix des meubles garnissant les lieux loués à un failli. Ici les difficultés nées de l'application, bonne ou

mauvaise, de l'article 2102 du Code Civil (ce n'est plus le temps d'apprécier la jurisprudence) ont été très-sérieuses et très-fréquentes, et, en définitive, elles ont amené le changement de la législation.

44. — L'article 2102 du Code Civil range en premier lieu, parmi les créances privilégiées sur certains meubles :

Les loyers et fermages des immeubles sur les fruits de la récolte de l'année, et sur le prix de tout ce qui garnit la maison louée ou la ferme, et de tout ce qui sert à l'exploitation de la ferme, savoir : pour tout ce qui est échu et tout ce qui est à échoir si les baux sont authentiques, ou si, étant sous signature privée, ils ont une date certaine ; et dans ces deux cas, les autres créanciers ont le droit de relouer la maison ou la ferme pour le restant du bail et de faire leur profit des baux et fermages, à la charge toutefois de payer au propriétaire tout ce qui lui serait encore dû. Et, à défaut de baux authentiques, ou lorsqu'étant sous signature privée, ils n'ont pas une date certaine, pour une année à partir de l'année courante.

Le même privilége a lieu pour les réparations locatives et pour tout ce qui concerne l'exécution du bail.

45. — Ces dispositions s'appliquent sans faire naître de difficultés lorsque le locataire n'est pas commerçant.

D'abord, quand le propriétaire n'étant pas payé de ses loyers fait saisir et vendre les meubles du locataire, s'il est seul, il n'est pas question de privilége, et il ne saurait y avoir de conflit entre lui et les autres créanciers. Que si il y a concours de créanciers sur le prix des biens du locataire, et c'est alors seulement qu'il y a lieu de régler les droits de préférence, la loi pourra, dans la pratique, s'appliquer strictement, sans qu'aucun interessé soit lésé. En effet, le privilége ne porte que sur le prix des meubles garnissant l'appartement, et quand le locataire n'est pas commerçant, de deux choses l'une : ou bien ce mobilier sera tout l'avoir du débiteur commun, et alors les autres créanciers seront obligés de le laisser au propriétaire, jusqu'à concurrence de ce qui lui est dû; et ils n'auront point à se plaindre s'ils ne reçoivent rien parce qu'ils ont dû compter sur le privilége du bailleur; ou bien le débiteur aura d'autres valeurs que son mobilier, lesquelles seront partagées entre les autres créanciers, et alors le propriétaire ne pourra se faire payer par privilége que sur le prix du mobilier; et il ne pourra se plaindre s'il n'est pas payé de tout ce qui lui est dû, parce qu'il n'a que les meubles garnissants pour garantie de sa créance. En résumé, quand il s'agit d'un locataire non commerçant, les intérêts *privilégiés* du propriétaire sont séparés de ceux des créanciers chirographaires et il ne peut exister de conflit entre eux.

46. — Il en est bien autrement si le locataire est commerçant et s'il fait faillite. Il peut arriver alors que le locataire ait introduit dans les lieux loués des marchandises ou un mobilier industriel quelconque, qui forment une partie notable de l'actif de la faillite, sinon tout; qui ont été achetés avec l'argent des créanciers, qui, tout au moins, sont le gage commun très-apparent que la loi donne à tous les créanciers. Assurément, les tiers mesurent dans une certaine proportion le crédit du commerçant à la valeur des marchandises qui sont dans ses magasins ou de son mobilier industriel.

D'un autre côté, le propriétaire a privilége sur ces choses qui sont des objets garnissants. Le propriétaire, d'une part, la masse chirographaire, d'autre part, vont donc se trouver en lutte d'intérêt sur leur prix. Mais la loi assure le triomphe au propriétaire, qui d'abord prendra tout ce qui lui est dû et qui laissera le reste aux créanciers chirographaires.

C'est l'application pure et simple de l'article 2102 qui ne distingue pas entre le cas où la liquidation des biens du débiteur a lieu par suite de sa faillite ou de toute autre cause. Aussi qu'est-il arrivé? — C'est qu'en raison des développements de l'industrie, imprévus lors de la rédaction de l'article 2102 et de la discussion de la loi de 1838, il a été nécessaire de consentir des baux industriels d'une très-longue durée, que le prix des locations s'est considérablement accru et que, advenant la faillite du locataire, lié par un bail authentique ou ayant date certaine, pour un temps très-long et à un prix très-élevé, le propriétaire ayant droit de se faire payer par privilége de tous les loyers à échoir, absorbait à lui seul tout l'actif du failli, au détriment des créanciers chirographaires, qui cependant avaient pu légitimement compter sur le prix des marchandises qu'ils avaient peut-être contribué à payer. Dès lors, les concordats étaient impossibles puisqu'il n'y avait point de dividendes à distribuer. Il arriva même que la Justice refusa d'homologuer un concordat dont l'exécution demeurait subordonnée à l'exercice éventuel du droit que la jurisprudence reconnaissait au propriétaire d'exiger de son locataire failli, malgré l'homologation de son concordat, le paiement immédiat de tous les loyers à échoir (1).

D'un autre côté, la ruine du failli et le désastre des créanciers ne profitaient qu'au propriétaire qui touchait immédiatement la somme totale des loyers à échoir qu'il pouvait capitaliser (2).

(1) Tribunal de commerce de la Seine. 29 avril 1867. *Journal des Tribunaux de commerce*, 1867, p. 383.

(2) Voici un exemple signalé à l'Assemblée nationale par l'honorable *M. Louvet*. Dans la séance du 5 janvier 1872, lors de la deuxième délibération de la loi, il s'est exprimé ainsi : « Voici un fait que notre hono-

Quelques arrêts avaient bien essayé d'éviter cette dernière iniquité, en décidant que l'on consignerait tous les loyers à échoir, et que le propriétaire ne toucherait qu'au fur et à mesure de l'échéance des termes de loyer. Mais cela ne remédiait pas à la privation pour les créanciers et le failli de la somme qu'il fallait consigner, et avec laquelle on aurait pu distribuer des dividendes ou continuer les affaires.

47. — Il est bien entendu que ce résultat ne se produisait qu'alors que le bail continuait, malgré la faillite, et qu'il n'était pas résilié; car le locateur ne pouvait reprendre son immeuble et toucher le prix de la location. Les créanciers qui payaient à l'avance avaient bien le droit de faire leur profit du bail, conformément à l'article 2102; et même il fut jugé que si le bail contenait une interdiction de sous-louer ou de céder, le propriétaire était censé avoir renoncé à cette clause quand il exigeait le paiement anticipé de tous les loyers à échoir. Malgré cela, la position du propriétaire était des plus favorables, et il tenait les créanciers à sa discrétion en leur posant cette alternative : payez les loyers à échoir ou rési-

» rable rapporteur a oublié de citer. Dans la faillite de l'entreprise appelée » le *Factage parisien*, il y avait un bail de 30 années à raison de » 55,000 fr. par an, et, en outre, 5,000 fr. au moins d'impôts mobiliers » Au bout de deux années, le *Factage parisien* tomba en faillite; il restait » vingt-huit ans de bail à courir. Le propriétaire demande immédiatement le paiement de 1,500,000 fr. On ne pouvait pas les lui donner. Il » y avait dans l'actif réalisé de la faillite environ 153,000 fr., que le syndic » a dû lui abandonner pour sauver quelques épaves; mais s'il y avait eu » 1,500,000 fr. à retrouver à l'actif de la faillite, voilà un propriétaire qui, » en plaçant cette somme à 5 °/o d'intérêt, se serait fait un revenu de » 75,000 fr. de rente, c'est-à dire 20,000 fr. de plus que ne lui aurait » produit son bail. Et à l'échéance des vingt-huit années, il aurait ainsi » retrouvé le capital non-seulement de sa propriété, mais encore le capital de 1,500,000 fr. » (*Journal officiel* du 6 janvier 1872.)

lions. Or, la résiliation pouvait, comme le paiement anticipé des loyers à échoir, être la ruine de la faillite et un élément de fortune pour le propriétaire. Si on suppose que le failli avait donné, par son industrie, ses aménagements ou son achalandage, une augmentation de valeur aux lieux loués, c'était le bailleur qui profitait de cette augmentation de valeur en louant plus cher à un étranger ; comme lorsque le bail était continué il capitalisait immédiatement les revenus d'un grand nombre d'années, et touchait tout d'un coup ce qu'il n'aurait touché que successivement.

Malgré ce que de pareils résultats avaient de choquant, malgré les tentatives qui furent faites par la doctrine et même par certains tribunaux pour les éviter, le dernier mot resta à la Cour de Cassation qui brisa toutes les résistances.

48. — D'ailleurs, *une fois admis le principe* sur lequel s'appuyait la Cour de Cassation, sa doctrine était irréfutable. Voici son argumentation : lorsqu'une partie est liée par un contrat synallagmatique, et qu'elle n'exécute pas ses obligations, l'autre partie a le choix, ou de poursuivre l'exécution du contrat, si elle est possible, ou d'en demander la résolution (art. 1184 Code Civil) (1). Le propriétaire peut donc poursuivre l'exécution du contrat, la faillite n'étant point une cause de résiliation, et, en tout cas, la résiliation ne pouvant être demandée que par le bailleur. Mais la dette du locateur, quant aux loyers à échoir, est à terme. Elle devient donc immédiatement exigible en totalité par le fait seul de la faillite (art. 1188 Code Civil, 444 Code de Commerce). Donc le locateur peut immédiatement en demander le paiement par privilége (art. 2102 Code Civil) (2).

(1) Conf. art. 1654, 1655, 1741, Code Civil.

(2) *Sic*. Req., 22 décembre 1851, D. P. 1851, 1, 237 ; Civ. rej., 7 dé-

Si la dette des loyers à échoir est une dette à terme, le raisonnement est sans réplique.

49. — Aussi est-ce sur ce point que se sont portés tous les efforts pour battre en brèche la jurisprudence. Les uns, comme M. Mourlon, ont prétendu que la dette des loyers n'était point une dette à terme, mais bien une dette sous condition suspensive, qui ne prenait naissance qu'à l'échéance de chaque terme de loyers: que, par suite, les articles **1188** du Code Civil et 444 du Code de Commerce étaient inapplicables dans l'espèce (1).

D'autres, comme M. Thiercelin, ont pensé que la dette du locataire envers le propriétaire n'était ni à terme, ni contractée sous une condition suspensive; mais que les obligations réciproques qui existaient entre le preneur et le bailleur étaient des obligations *successives*. Les loyers, disait-on, s'acquièrent jour par jour, en échange de la jouissance quotidienne de la chose. La dette n'existe donc pas immédiatement pour toute la durée du bail, suspendue seulement quant à l'exigibilité; elle n'est donc pas à terme. Elle n'est pas non plus contractée sous condition suspensive, de sorte qu'elle ne naîtra qu'alors qu'il sera certain que le bailleur aura accompli ses obligations. Elle prend naissance tous les jours et se renouvelle pendant toute la durée du bail. En cas de faillite du locataire, les loyers à échoir ne sont pas exigibles

cembre 1858, D. P. 1859, 1, 62; req. 28 décembre 1858, D. P. 1859, 1, 63; Rouen, 29 juin 1859, D. P. 1860, 2, 21; Amiens, 10 novembre 1859, D. P. 1861, 5, 387; Paris, 26 janvier 1860, D. P. 1860, 5, 298; Orléans, 22 août 1860, D. P. 1862, 2, 118; Cass., 28 mars 1865, D. P. 1865, 1, 201 et sur renvoi, Orléans, 5 août 1865, D. P. 1865, 2, 136; Orléans, 10 novembre 1865, D. P. 1865, 2, 227; Cass., 15 juillet 1868, D. P. 1872. 1. 95; Cass., 16 février 1870, D. P. 1870, 1, 261.

(1) V. la dissertation de M. Mourlon, Dalloz, *Recueil périodique*, 1865, 1, 201.

car l'article 444 du Code de Commerce ne saurait trouver son application (1).

Dans ces deux systèmes, on tenait bien compte de l'article 2102; mais le privilége du propriétaire ne pouvant s'exercer qu'alors que la dette qu'il garantit était née, on arrivait à ce résultat que le bailleur qui ne demandait pas la résiliation du bail et auquel on donnait les sûretés voulues, ne pouvait pas exiger à l'avance, et par suite seulement de la faillite du locataire, tous les loyers à échoir. On évitait ainsi les résultats désastreux auxquels conduisait la doctrine de la Cour de Cassation.

50. — Et, non-seulement les jurisconsultes critiquèrent cette doctrine, mais les tribunaux eux-mêmes y résistèrent avec une certaine énergie, et parmi eux il faut citer la Cour de Paris (2).

51. — Quoi qu'il en soit, toutes ces résistances vinrent se briser contre la jurisprudence de la Cour de Cassation, qui n'admettait pas même, du moins en principe, le tempérament du dépôt de tous les loyers à échoir à la caisse des dépôts et consignations. (V. les arrêts du 15 juillet 1868 et du 16 février 1870). Qu'importe, d'ailleurs, que le propriétaire ne puisse toucher ses loyers qu'au fur et à mesure des échéances ou qu'il les touche immédiatement, si la faillite est toujours obligée de débourser la somme totale, que ce soit pour la verser au propriétaire ou à la caisse des dépôts et consignations!

(1) *Revue critique de législation*, t. 30 (1867), p. 37.

(2) Paris, 12 décembre 1861, D. P. 1862, 2, 1; 26 juillet 1863, D. P. 1863, 2, 109 (arrêts cassés le 28 mars 1865); Rouen, 22 décembre 1864, D. P. 1865, 2, 162; Metz, 27 mars 1862, D. P. 1862, 2, 166.

SECTION II.

NOUVEL ARTICLE 550 DU CODE DE COMMERCE (§ 1, 2, 3, 4 et 5.)

§ 1. *Circonstances dans lesquelles il s'applique.*

52. — Art. 550. — L'article 2102 du Code Civil est ainsi modifié quant à la faillite :

Si le bail est résilié, le propriétaire d'immeubles affectés à l'industrie ou au commerce du failli, aura privilége pour les deux dernières années de location échues, pour l'année courante, pour tout ce qui concerne l'exécution du bail et les dommages-intérêts qui pourront être alloués par les tribunaux.

Au cas de non résiliation, le bailleur une fois payé de tous les loyers échus, ne pourra pas exiger le paiement des loyers en cours ou à échoir, si les sûretés qui lui ont été données lors du contrat sont maintenues, ou si celles qui lui ont été fournies depuis la faillite sont jugées suffisantes.

Lorsqu'il y aura vente ou enlèvement des meubles garnissant les lieux loués, le bailleur pourra exercer son privilége comme au cas de résiliation ci-dessus, et, en outre, pour une année à échoir à partir de l'expiration de l'année courante, que le bail ait ou non date certaine.

Les syndics pourront continuer ou céder le bail pour tout le temps restant à courir, à la charge par eux ou leurs cessionnaires de maintenir dans l'immeuble un gage suffisant, et d'exécuter au fur et à mesure des échéances, toutes les obligations résultant du droit ou de la convention, mais sans que la destination des lieux loués puisse être changée.

53. — On voit à la lecture de ce texte qu'il comporte une dérogation formelle au droit commun. Elle est motivée par l'intérêt du commerce et de l'industrie. Toutefois, il faut constater que le droit du propriétaire n'a été sacrifié que dans ce qu'il pouvait avoir d'abusif et que ses intérêts sont suffisamment sauvegardés.

De ce qu'il s'agit d'une dérogation, il faut bien se garder de l'étendre au-delà de ses termes, et nous devons faire, pour l'application du nouvel article 550, toutes les restrictions que nous avons faites pour le nouvel article 450.

54. — Il est bien entendu d'abord que c'est seulement en cas de faillite du locataire que le privilége du propriétaire est réduit. Et il faut dire du privilége ce que nous avons dit de la résiliation, lorsqu'il interviendra un contrat d'atermoiement. Seulement, ici, il y a une raison de douter qui ne se rencontre pas lorsqu'il s'agit de la résiliation, alors que c'est surtout une question de forme qui met obstacle à l'application de la loi nouvelle. En partant de ce principe très-équitable que l'on doit, autant que possible, suivre, dans l'exécution du contrat d'atermoiement, les règles de la faillite, rien n'empêcherait de décider que, dans le premier cas comme dans le second, le locateur des immeubles destinés au commerce et à l'industrie du failli n'aurait qu'un privilége réduit.

Mais le texte comme l'esprit de la loi nouvelle s'opposeraient à cette solution. Il est vrai que les prétentions du propriétaire pourront exciter les créanciers à poursuivre la faillite du locataire. On l'a dit dans la commission ; mais on a répondu qu'il ne fallait pas sacrifier l'intérêt légitime des créanciers aux prétentions exorbitantes du propriétaire (1). Il faut ajouter que la crainte de voir la faillite de son locataire diminuer de beaucoup l'exercice de ses droits, pourra avoir une heureuse influence sur les décisions du propriétaire, et même l'amener à des transactions qui faciliteront les contrats d'atermoiement dans l'intérêt de tout le monde.

Même lorsqu'il s'agira de la faillite d'un commerçant, la nouvelle loi ne concerne que le propriétaire des *immeubles affectés à l'industrie ou au commerce du failli*. Sur ce point,

(1) Rapport de M. Delsol.

nous nous bornons à renvoyer à ce que nous avons dit plus haut (nos 20 et suiv.) et à rappeler que le propriétaire pourra invoquer l'article 2102, dans tous les cas que nous avons énumérés et dans lesquels l'article 450 ne déroge pas au droit commun en ce qui concerne la résiliation du bail. Ainsi le locateur de l'immeuble où le failli a son habitation personnelle et celle de sa famille séparée de ses ateliers et de ses magasins, le locateur de l'immeuble où habite le failli quand ses bureaux sont un accessoire de son habitation personnelle, le locateur d'une maison de campagne, etc., dans tous ces cas, le propriétaire pourra se faire payer de ses loyers échus et à échoir suivant les distinctions faites par l'article 2102.

55. — Mais si nous nous plaçons dans la seule hypothèse prévue par la loi, il n'y a plus à distinguer si les baux sont authentiques ou sous-seings privés, s'ils ont ou s'ils n'ont pas date certaine; il faut distinguer si le bail est résilié ou s'il ne l'est pas.

§ 2. Du cas où le bail est résilié.

56. — Il n'est plus question de loyers à échoir.

57. — Le privilége ne garantit plus le paiement de *tous les loyers échus*, mais seulement les deux années échues avant le jugement déclaratif et l'année courante. S'il est dû davantage au propriétaire, il sera créancier chirographaire pour le reste.

58. — Ainsi tombe la controverse qui existe en droit commun sur le sens des expressions de l'article 2102 qui accorde privilége au propriétaire, lorsque le bail n'a pas date

certaine pour *une année à partir de l'expiration de l'année courante.*

59. — La loi s'explique nettement sur les deux années de loyers échus qui sont privilégiées. Ce sont celles qui sont échues avant le jugement déclaratif. Elles sont comptées en prenant pour point de départ la date fixée par le contrat pour le commencement du bail. Ainsi, le bail a commencé le 1er avril 1867, la faillite a été déclarée le 1er juillet 1870, les deux années privilégiées sont celles qui se placent entre le 1er avril 1868 et le 1er avril 1870 (1).

Dans cet exemple, le propriétaire sera créancier chirographaire pour l'année qui s'est écoulée du 1er avril 1867 au 1er avril 1868.

60. — Il était nécessaire que la loi s'expliquât sur ce point, parce que, de l'aveu même du rapporteur, elle a emprunté cette disposition relative au temps pendant lequel les loyers seraient garantis par le privilége, à l'article 2151 du Code Civil; et que si la loi n'avait rien dit, les vives controverses qui se sont élevées sur le sens de ces mots *deux années et l'année courante* auraient pu se reproduire (2). Elles sont impossibles, au moins en ce qui concerne les deux années de loyers échus.

(1) Rapport de M. Delsol.

(2) Art. 2151, Cod. Civ. — « Le créancier inscrit pour un capital pro- » duisant intérêt ou arrérage, a le droit d'être colloqué *pour deux* » *années seulement, et pour l'année courante,* au même rang d'hypo- » thèque que pour son capital. »

Pendant longtemps on s'est demandé quelles étaient les deux années d'intérêts qui étaient garanties par l'inscription au même rang que le capital. Les uns ont pensé qu'il s'agissait des deux années qui suivaient l'inscription; d'autres ont soutenu qu'il s'agissait des deux années qui précèdent la collocation. Il est généralement admis aujourd'hui que les deux années dont parle l'art. 2151, sont deux années quelconques,

61. — Il n'en est pas tout-à-fait de même sur ce qui concerne l'année courante. Ces expressions, dans l'article 2151, ont donné lieu à deux controverses : l'une relative à la durée, l'autre relative au point de départ du temps pendant lequel les intérêts sont garantis au même rang que le capital (1).

Cette dernière question ne peut pas non plus se soulever à propos de notre article 550, le rapporteur ayant pris soin de nous dire que l'année courante commençait à l'expiration des deux années privilégiées pour les loyers échus.

62. — Reste donc à savoir si cette année courante, privilégiée, est une année entière ou s'il s'agit d'une fraction d'année seulement, pouvant varier depuis un jour jusqu'à trois cent soixante-quatre jours. A s'en tenir à la lettre de l'article, on devrait décider qu'il s'agira toujours d'une année entière; en sorte que, dans tous les cas, le propriétaire aurait privilége pour trois années pleines. Nous ne croyons pas que telle ait été la pensée du législateur; nous estimons que le propriétaire pourra se trouver privilégié tantôt pour

non prescrites, qui se placent entre le moment de l'inscription et la demande en collocation. (V. Dalloz, *Jur. gén.* V° *Priviléges et hypothèques*, n° 2435). — Les termes du nouvel article 550 du Code de Commerce ne permettent pas de soulever une pareille controverse. Il est hors de doute que si le failli avait payé ses loyers pendant les deux années qui précèdent celle dans laquelle la faillite a été déclarée, et s'il n'avait pas payé les années antérieures, le propriétaire n'aurait pas privilége pour deux années quelconques, non prescrites, se plaçant entre le moment où le bail a commencé et l'année pendant laquelle la faillite a été déclarée.

(1) Sur l'année courante de l'article 2151, une première difficulté s'élève : s'agit-il d'une année entière ou d'une fraction d'année? Le système qui tend à prévaloir, c'est qu'il s'agit d'une fraction d'année (V. Cass. 1er juillet 1850; Pont., *Priviléges et hypothèques*, n° 1017).

La controverse est encore fort vive sur le point de départ de l'année courante. (V. Pont., *Priviléges et hypothèques*, n° 1019).

une période de loyer moins longue qu'une année, tantôt pour une période plus longue.

63. — Et d'abord, quant au texte, nous ferons le même raisonnement que dans la controverse qui existe sur le même mot de l'article 2151. Si le législateur avait entendu accorder privilége au propriétaire toujours pour trois années pleines, pourquoi ne l'aurait-il pas dit franchement; et pourquoi aurait-il entouré sa pensée d'embages sur lesquels on peut prendre le change?

64. — Si nous consultons l'esprit de la loi, nous devrons décider que le privilége garantira les loyers tant que le bail ne sera pas résilié; que la résiliation intervienne avant l'expiration de l'année de bail courant lors de la déclaration de la faillite, ou qu'elle intervienne après cette année (1).

65. — Le propriétaire pourra donc être privilégié pour une période moins longue qu'une année. Si le bail est résilié au commencement de cette année courante, si le propriétaire est rentré en possession de son immeuble, s'il l'a utilisé ou si la faillite lui a payé une indemnité représentant la perte de jouissance, nous ne voyons pas pourquoi la faillite lui paierait, en outre, des loyers pour un temps pendant lequel elle n'aurait pas joui de l'immeuble. Le propriétaire serait payé deux fois de ce qui lui est dû, ce qui n'est pas admissible.

Supposons un bail qui a commencé le 1er avril 1867, la faillite déclarée le 1er mai 1870, si on appliquait la loi à la lettre, le propriétaire aurait privilége pour l'année courante du 1er avril 1870 au 1er avril 1871 ; mais s'il rentre en posses-

(1) M. Delsol. Cet article (550) accorde au propriétaire un privilége pour deux années échues, pour l'année courante, *jusqu'au moment de la résiliation* (2e délibération. — *Journal officiel* du 6 janvier 1872).

sion de son immeuble le 1er octobre 1870, en bonne justice, il ne devra pas être payé par la faillite pour les six mois qui s'écouleront entre le 1er octobre 1870 et le 1er avril 1871.

Sous ce premier point de vue, on ne peut donc pas soulever la controverse qui existe à propos des mêmes expressions employées par l'article 2151. Les faits sont différents et le droit ne saurait être le même. Dans notre espèce, il s'agit d'une dette de loyer correspondante à la jouissance de l'immeuble. La jouissance cessant, l'obligation de payer les loyers n'a plus de cause ; elle s'éteint, et la garantie accessoire du privilége doit cesser en même temps que la dette principale. Dans l'hypothèse de l'article 2151, il s'agit d'une dette d'intérêts qui *court toujours*. On peut donc se demander à bon droit, jusqu'à quel moment elle sera garantie par l'hypothèque, puisque le législateur n'a pas cru devoir protéger toute la créance d'intérêts de la même manière.

66. — En second lieu, le propriétaire pourra être privilégié pour plus de trois années, en sorte que l'année courante pourra quelquefois se prolonger au-delà de trois cent soixante-cinq jours.

Supposons que le bail ait commencé le 1er avril 1867, et que la faillite ait été déclarée le 1er mars 1871. D'après ce que nous avons dit, comme d'après l'indication formelle du rapporteur de la commission, l'année courante commence le 1er avril 1870. Si nous nous en tenons au texte de la loi, le propriétaire n'aurait privilége, quant à l'année courante, que pour l'année qui s'écoulera du 1er avril 1870 au 1er avril 1871. Mais il s'en faudra peut-être de beaucoup que le propriétaire soit remis en possession de son immeuble ; et, dans notre exemple, la question de résiliation ne sera pas jugée; elle ne sera pas même posée, car les délais de l'article 450 seront loin d'être expirés. Voudrait-on donc prétendre que le propriétaire n'aura pas privilége pour tout le temps qui excèdera l'année en cours au moment de la déclaration de la faillite, et pendant lequel les créanciers seront restés en possession des lieux loués? Il est impossible de supposer que telle ait été l'intention du législateur. Si on a réduit le privilége du bailleur pour les loyers échus, c'est qu'on a voulu le punir de sa négligence à ne point réclamer en temps voulu ce qui lui était dû; négligence qui pouvait être funeste aux créanciers, car la faillite serait d'autant plus désastreuse que le propriétaire enlèverait une plus grande partie de l'actif pour se payer de loyers échus. Mais une fois la faillite déclarée, le propriétaire n'est pas en faute en réclamant ce qui lui est dû à l'échéance. Il n'est pas même en faute en ne réclamant pas, cela ne lui servirait à rien puisqu'il ne pourrait pas exécuter et que son action en résiliation est suspendue (art. 450).

Et puis, qu'arriverait-il? — C'est que la faillite restant en possession de l'immeuble pendant plus d'un an, ne paierait son loyer, pour tout ce qui excèderait l'année, qu'en monnaie de faillite.

67. — Disons donc que le propriétaire devra être payé par privilége des deux années échues à la date correspondante au commencement du bail et antérieure à la déclaration de faillite, et en outre de tout le temps qui s'écoulera entre l'expiration de ces deux années et le moment auquel le bail résilié prendra fin.

68. — Il pourrait encore ne pas sortir indemne; s'il ne trouve pas un locataire pour remplacer immédiatement le failli, lorsque le bail sera résilié. Mais nous verrons plus loin qu'il peut lui être alloué une indemnité pour le préjudice qu'il éprouverait en cette circonstance, et qu'il sera

payé de cette indemnité, *par privilége*, au même titre que des loyers. C'est encore là un argument en faveur de notre thèse. Comment croire que le propriétaire serait privilégié pour les deux années qui précèdent la faillite, l'année courante lors du jugement déclaratif, l'indemnité qui lui serait due pour perte de jouissance, c'est-à-dire, en définitive, pour le passé, le présent et l'avenir, et qu'il serait créancier chirographaire pour les quelques mois, les quelques jours qui s'écouleraient entre l'expiration de l'année en cours, lors de la déclaration de faillite, et le moment où le bail a pris fin ?

69. — Si le nouvel article 550 du Code de Commerce semble être à l'abri de toute controverse, ce n'est que dans le cas où il est applicable. Or nous savons qu'il se présentera de nombreuses circonstances de fait dans lesquelles la position du locataire et du propriétaire sera encore réglée par l'article 2102 du Code Civil. La controverse qui s'est élevée sur l'interprétation de cet article, quand le bail n'a pas date certaine, subsiste donc. L'article 2102 dit qu'alors le propriétaire a privilége *pour une année à partir de l'expiration de l'année courante*.

Pour expliquer, ou plutôt pour deviner ce que le législateur a entendu dire par ces mots, trois systèmes se sont produits. Un premier accorde privilége au propriétaire pour les loyers échus, ceux de l'année courante et ceux de l'année qui suivra l'année courante. C'est le système qui tend à prévaloir en jurisprudence. Un second soutient que le privilége ne peut exister pour les années échues, mais qu'il doit embrasser l'année courante et celle qui la suit. Enfin, dans une troisième opinion, on a limité le privilége à cette dernière année (1).

(1) Dalloz. *Jur. gén.* V. *Priviléges et hypothèques*. n°s 271 et suiv. Et dans

Il ne nous appartient pas, à l'occasion de la loi du 19 février 1872 et de l'article 550 du Code de Commerce, de refaire le commentaire de l'article 2102 du Code Civil. La question, d'ailleurs, est célèbre et a été traitée de façon à ne plus rien laisser à dire (1). Nous ne trouvons, ni dans le texte, ni dans la discussion de la loi nouvelle aucun argument qui puisse nous permettre de terminer cette controverse. Tout au plus pourrait-on dire que la volonté bien clairement manifestée par le législateur moderne a été de réduire le privilége du propriétaire. C'est le but principal de la loi nouvelle. Partant de là on peut supposer que, des trois systèmes qui précèdent, c'est le plus restrictif qui semblerait le plus conforme à la volonté de la loi. Il reste à savoir si on peut argumenter des intentions du législateur de 1872 pour commenter le Code de 1804.

Constatons donc, qu'aujourd'hui encore, la controverse a sa raison d'être. Mais l'importance pratique de la question a beaucoup diminué depuis que le privilége ne peut s'exercer sur le prix des *marchandises* ou du *mobilier industriel* au-delà des termes de l'article 550. Les fraudes et les collusions qu'on redoute avec l'application de l'article 2102 et qui font rejeter par les meilleurs esprits le premier système que nous avons exposé plus haut, ne sont plus à craindre. En effet, le propriétaire et le failli pouvaient s'entendre pour supprimer des quittances ou exagérer le prix de location de manière à faire payer aux créanciers des loyers qui n'étaient pas dus. Désormais, les marchandises et le mobilier industriel ne paieront jamais par privilége que deux années

le sens du premier système, Bourges, 21 juin 1856, D. P. 1856, 2, 69. Metz, 6 janvier 1859, D. P. 1859, 2, 8.

(1) V. Pont., *des Priviléges et hypothèques*, n°s 127 et suiv.

de loyers échus. Pour les cas qui restent sous l'empire du droit commun, nous avons démontré que l'exercice du droit privilégié du propriétaire ne pouvait avoir une influence considérable sur le sort de la faillite. (V. n° 45). Et sur ce point encore la collusion qui consisterait à enfler le prix des loyers n'est plus si redoutable depuis la loi du 23 août 1871 qui oblige tout locataire à faire enregistrer son bail écrit ou à faire la déclaration des conditions de son bail verbal.

70. — Revenons à notre article 550. Indépendamment du privilége que la loi lui accorde pour garantir les deux années échues et le paiement des loyers jusqu'au moment où le bail a pris fin, le propriétaire a encore privilége pour garantir la créance qu'il aurait contre la faillite pour tout ce qui concerne l'exécution du bail et les dommages-intérêts qui pourraient lui être alloués par les tribunaux.

71. — *Pour tout ce qui concerne l'exécution du bail...* L'article 2102 dit pour les *réparations locatives* et pour tout ce qui concerne l'exécution du bail. Mais il ne faut pas conclure de cette différence de rédaction que la créance du propriétaire pour les réparations locatives ne soit pas privilégiée. Les rédacteurs de l'article 550 ont entendu donner à leur formule toute l'extension possible.

Dans le principe, le premier paragraphe de notre article portait que le propriétaire avait privilége pour les deux années échues, l'année courante, « et *pour les dommages-intérêts qui pourraient être alloués par les tribunaux*. Lors de la seconde délibération de la loi, on se plaignit que cette rédaction n'était pas assez explicite; qu'en matière de privilége tout était de droit étroit et qu'on ne pourrait pas faire rentrer dans les termes « *dommages-intérêts alloués par les tribunaux* » ceux qui seraient dus par suite *d'une convention*.

« D'habitude, a dit M. Ganivet, on insère dans le bail une clause aux termes de laquelle, à la fin du bail, il sera fait par le locataire au propriétaire, compte, pour la dépréciation résultant de l'usage du matériel industriel que parfois le propriétaire est obligé de fournir pour pouvoir louer son immeuble, d'une somme déterminée. Ou bien, il est convenu qu'il sera fait à ce moment une expertise entre le propriétaire et le locataire, à l'effet de déterminer les indemnités de plus-value ou de moins-value dont ils auront à se tenir compte. La créance du propriétaire ainsi fixée par le contrat lui-même ne rentre pas dans les loyers, ni dans les dommages-intérêts qui pourraient être alloués par les tribunaux. C'est une indemnité conventionnelle qui a toujours été conservée par le privilége du locateur. En outre, il y a les réparations locatives qui, aux termes de l'article 2102, formant actuellement le droit commun, sont garanties par le privilége et qui ne se trouveraient pas comprises dans la nouvelle rédaction de l'article 550. »

En conséquence, M. Ganivet proposait d'ajouter au texte présenté par la commission « *pour tout ce qui concerne l'exécution du bail* et les dommages-intérêts. »

M. Delsol, rapporteur, répondit que l'addition proposée par M. Ganivet rentrait complètement dans les idées qui avaient été développées dans le rapport de la commission; qu'elle ne faisait aucune objection à l'addition demandée, qui passa ainsi dans le texte définitif de la loi (1).

Quand le bail est résilié, le propriétaire doit donc sortir indemne, au moins jusqu'à épuisement du gage. Ces mots

(1) *Journal officiel* du 6 janvier 1872.

« *pour tout ce qui concerne l'exécution du bail* » doivent être entendus sans restriction. On doit y comprendre, comme dans l'interprétation de l'article 2102 :

La créance du propriétaire pour les réparations locatives; pour les détériorations survenues par la faute du preneur; pour les fournitures faites par le bailleur en vertu d'une clause du bail (1); pour les avances faites par le bailleur au locateur, qu'elles soient faites par le bail même et constatées dans l'acte de bail; qu'elles soient faites après la confection du bail, et pendant sa durée, pourvu qu'elles soient faites à l'occasion du bail (2); pour l'indemnité qui serait due au bailleur par suite de la résiliation et représentant la perte de la jouissance que le propriétaire pourrait éprouver s'il ne trouvait pas à louer son immeuble après la résiliation; que cette indemnité soit fixée à l'avance par le contrat; qu'elle soit allouée par les tribunaux sur la demande en résiliation.

Le propriétaire aurait encore privilége pour tous autres dommages-intérêts qui lui seront alloués par les tribunaux. La loi est formelle.

§ 3. *Du cas où le bail n'est pas résilié.*

I. Le contrat donne la faculté de sous-louer ou de céder le bail.

72. — Si le bail n'a point été résilié pour une cause antérieure à la faillite, conformément à l'article 450; si les

(1) Par exemple, un maître de forges qui s'engagerait à fournir aux preneurs de ses usines le bois nécessaire à leur entretien, aurait privilége pour tout ce qui lui serait dû de ce chef. (Bordeaux, 7 août 1833. Dalloz. *Jur. gén.* V. *Priviléges et hypothèques*, n° 245 en note).

(2) V. Dalloz. *Jur. gén.* V. *Priviléges et hypothèques*, n° 264.

meubles n'ont été ni enlevés ni vendus, le propriétaire n'a point à exercer de privilége pour les loyers à échoir. Les choses se passeront comme s'il n'y avait pas eu de faillite, et le contrat continuera à recevoir son exécution de part et d'autre.

Les syndics exploiteront le fonds de commerce, et occuperont les lieux, ou bien ils pourront sous-louer ou céder le bail, si le contrat n'enlevait pas cette faculté au preneur.

73. — Un arrêt de Caen, du 26 août 1846 (D. P. 1847, 2, 170), statuant sur une demande en résiliation, décide que le bail ne saurait être résilié, quand les créanciers offrent de céder le bail à un adjudicataire du fonds de commerce, de manière que les sûretés qui existaient pour le propriétaire avant la faillite du locataire ne soient pas diminuées. L'arrêt ne dit pas si le contrat portait ou non l'interdiction de céder le bail ; il statue d'une manière très-générale.

Il ne nous paraît pas possible de suivre une telle doctrine, sous l'empire de la loi nouvelle, quand le bail interdira au locataire de sous-louer ou de céder son droit. Il est bien vrai que le § 3 de notre article 550 porte que le locateur ne pourra se faire payer des loyers en cours et à échoir si les sûretés qu'on lui a fournies depuis la faillite sont suffisantes, et qu'en s'appuyant strictement sur ce texte, on pourrait faire juger, comme par la Cour de Caen, que les sûretés seront suffisantes lorsqu'on offrira au propriétaire, indépendamment des sûretés réelles quelconques, un sous-locataire ou un cessionnaire solvable. Mais la question est tranchée textuellement par le § 6 qui prévoit spécialement le cas où le bail porte l'interdiction de sous-louer ou de céder. Le § 3 ne s'applique donc qu'alors que le bail ne contient pas une pareille prohibition.

En outre, dans tout le courant de la discussion et dans le rapport de la commission, il a été incidemment parlé de la sous-location et de la cession, et il a toujours été admis que le droit qui résultait du contrat à cet égard devait être scrupuleusement observé. Et c'est juridique. Lorsque le contrat interdit au locateur de sous-louer ou de céder son bail, on ne peut prétendre que ses ayants-cause vont puiser dans sa faillite un droit qu'il n'avait pas.

Il faut donc dire qu'il ne pourrait être aujourd'hui décidé, si l'on se trouve dans les circonstances auxquelles s'applique la loi nouvelle, que l'offre d'un sous-locataire ou d'un cessionnaire solvable serait une sûreté suffisante à offrir par les syndics, pour leur permettre de continuer le bail, lorsque le contrat portera l'interdiction de sous-louer ou de céder le bail. Ils devront donc exploiter par eux-mêmes, dans les mêmes conditions que faisait le failli; et si cela leur est impossible, le propriétaire pourra exercer son privilége, dès que les sûretés réelles disparaîtront, car il n'a plus que celles-là.

74. — Mais que les syndics exploitent par eux-mêmes, ou qu'un sous-locataire ou un cessionnaire les remplace, quand cela est possible, rien ne doit être changé dans le mode de jouissance; l'article dit formellement que la destination des lieux loués ne peut être changée. La jouissance ne devra pas être préjudiciable aux intérêts du propriétaire, soit matériellement, soit en l'exposant au recours des autres locataires de la maison.

75. — Le cessionnaire devra-t-il nécessairement exercer la même profession que le failli? — Quand le contrat permettra au locataire de sous-louer à qui bon lui semblera, il n'y aura pas de difficultés, on suivra toujours les termes

de la convention; mais quand on ne se sera pas expliqué?— Nous ne pensons pas qu'on doive aller jusqu'à interdire de sous-louer pour l'exercice d'une industrie différente de celle du failli, quand la propriété, ou les autres locataires de la maison n'éprouveront aucun dommage par suite du changement dans le commerce exploité. Ce serait paralyser entre les mains des syndics, la faculté de sous-louer. Ce serait porter un trop grand préjudice à la masse, qui serait obligée de payer le loyer, alors qu'elle ne voudrait pas exploiter le fonds de commerce du failli, et tant qu'elle ne trouverait pas une industrie de même nature à établir dans les lieux loués.

La nouvelle loi ne fait que consacrer d'une manière formelle les obligations imposées au preneur par le Code Civil. Il doit payer le loyer aux époques convenues, garnir les lieux loués de meubles suffisants pour répondre du prix, faire les réparations locatives, et user de la chose louée, suivant la destination qui lui a été donnée par le bail ou suivant celle présumée par les circonstances. A défaut de convention, il ne faut donc pas interpréter cette partie de l'article 550 du Code de Commerce d'une façon plus restrictive que le droit commun, et notamment que l'article 1728 du Code Civil.

Si la convention s'explique expressément à l'égard du mode de jouissance, il faudra que les syndics l'observent à la lettre. Si elle est muette, et si la faculté de sous-louer est générale, on se déterminera d'après les circonstances. Or, comme on l'a dit, ces circonstances sont si variées qu'elles ne sont susceptibles d'être prévues par aucune loi (1). Ce sera donc une appréciation de fait pour laquelle on ne peut poser de règles absolues. Ainsi nous admettrions volontiers, par exemple, que les syndics de la faillite d'un marchand de

(1) Agnel, *Code manuel des propriétaires et des locataires*, n° 251.

nouveautés sous-louent ou cèdent le bail à un libraire ou à un mercier, mais nous leur refuserions le droit de sous-louer à un restaurateur. On ne pourrait pas remplacer un marchand de vins au détail par un débit de consommations dans le magasin; mais on pourrait sous-louer à un marchand de comestibles. La Cour de Rennes a jugé avec raison que le locataire d'un magasin de nouveautés ne pouvait sous-louer à un boucher. « Lorsqu'aucune clause formelle du contrat n'apporte de restriction expresse au droit de sous-louer, dit la Cour, il n'en résulte pas que l'on puisse étendre à l'usage de tout commerce quelconque la faculté de sous-location; mais on ne peut non plus la restreindre à des négociants exploitant un commerce identique à celui des locataires principaux (1). »

C'est dans ce sens qu'il faut entendre les expressions du nouvel article 550, « *sans que la destination des lieux loués soit changée,* » c'est-à-dire sans que l'exploitation nouvelle puisse être préjudiciable d'une manière quelconque au propriétaire.

S'il en était autrement, il aurait le droit de faire résilier le bail avec dommages-intérêts.

76. — On trouve très-fréquemment dans les baux la clause que le preneur ne pourra sous-louer sans le consentement par écrit du bailleur qui ne sera point tenu, en cas de refus, d'en déduire les motifs. La jurisprudence est divisée sur l'interprétation de cette clause. Les uns pensent que le droit du locateur de refuser tout sous-locataire qui ne lui conviendrait pas est absolu et que la justice ne saurait discuter les motifs de son refus (Lyon, 26 décembre 1849,

(1) Rennes, 4 juin 1870. *Jurisprudence commerciale de Nantes*, 1871, 1, 162.

D. P. 1850, 2, 30). D'autres admettent que la faculté réservée au propriétaire ne saurait dépendre de son pur caprice, et que pour refuser un sous-locataire qu'on lui présente, il doit s'appuyer sur des motifs sérieux et légitimes (Colmar, 12 avril 1864, D. P. 1865, 2, 32).

Quand le bail du locataire en faillite contiendra une telle stipulation que devront faire les syndics? La réponse à cette question devra être différente, suivant que l'on adoptera l'une ou l'autre opinion. Si on admet avec la Cour de Lyon que la clause en question équivaut à une véritable interdiction de sous-louer, c'est le § 6 de notre nouvel article 550 qui doit régir la situation, et nous verrons qu'alors, malgré la clause, les syndics pourront *relouer* les magasins et les ateliers pour tout le temps pendant lequel ils auront payé des loyers par anticipation.

Si l'on pense, avec la Cour de Colmar, que le bailleur n'a pas le droit d'empêcher la sous-location à son gré ou suivant son caprice, il faut dire que les syndics pourront briser la résistance du propriétaire, et faire juger qu'ils sous-loueront dans les circonstances et aux conditions que nous venons d'indiquer, même à une personne n'exerçant pas la même industrie que le failli.

Maintenant, quelle opinion doit-on adopter? — Il faut avouer que la perplexité est grande! Dire qu'il faut se soumettre à toute la rigueur de la prohibition; en fait, c'est mettre le locataire à la discrétion du locateur qui pourra se faire payer son consentement. En droit, c'est interpréter une clause de la convention dans un sens avec lequel elle ne peut produire aucun effet, puisque l'autorisation de sous-louer équivaudrait à une prohibition. En tout cas, c'est donner de la valeur à une condition *si voluero*. C'est le propriétaire qui dit:

« vous sous-louerez, si je veux. » Aux termes de l'art. 1174 du Code Civil une pareille clause devrait être nulle, le bail qui la contiendrait resterait soumis aux règles du droit commun, c'est-à-dire que la sous-location serait possible même sans le consentement du propriétaire.

D'un autre côté, l'article 1717 du Code Civil permettant d'interdire complétement la sous-location et prenant la peine d'ajouter que cette clause est toujours de rigueur, il faut avouer que rien n'empêche le locataire de se soumettre à la volonté et même au caprice du propriétaire qui aurait pu lui interdire absolument de sous-louer. Donner à la clause un sens moins restrictif que celui qui résulte de ses termes, c'est méconnaitre la volonté librement exprimée des parties, c'est violer une convention permise. Et remarquons qu'en fait, il pourra arriver souvent que le bailleur ait des motifs sérieux et légitimes de refuser un locataire, et qu'il serait dangereux ou même inconvenant de les révéler. Aussi c'est à cette dernière opinion que nous nous rangeons. En conséquence, nous déciderons que si le bail porte une pareille clause, et si le bailleur refuse obstinément tous les sous-locataires que lui présenteront les syndics, ceux-ci ne pourront ni sous-louer, ni céder le bail. Ils devront se conduire comme si le contrat portait interdiction de sous-louer (V. *infrà*, nos 101 et suiv.). S'ils ne continuent pas l'exploitation, s'ils vendent les marchandises, alors ils devront payer au bailleur une portion quelconque des loyers à échoir; ils auront le droit de relouer l'immeuble à leur profit pour tout le temps qu'ils auront payé par anticipation. Ce sera peut-être là un moyen de vaincre les résistances injustifiables du propriétaire.

77. — Que les syndics continuent à entretenir le bail par

eux-mêmes, ou qu'un sous-locataire ou un cessionnaire les remplace, celui qui occupera les lieux devra y entretenir un gage suffisant pour assurer l'exécution de toutes les obligations du preneur, et il devra y satisfaire au fur et à mesure des échéances. C'est là l'innovation capitale de la nouvelle législation qui fait disparaître la conséquence inique de la jurisprudence antérieure.

Pour recouvrer les loyers à échoir, le propriétaire ne ruinera pas la faillite; il ne pourra pas encaisser d'un seul coup toutes les annuités du loyer, alors qu'il est aussi sûr qu'auparavant de les toucher à leur échéance.

C'est là, encore une fois, le bienfait de la loi nouvelle; il est fâcheux qu'on ne puisse en profiter que dans des circonstances assez rares.

Lors donc que le bail ne sera pas résilié, le contrat continuera à produire son effet, dans les termes du droit commun. Rien ne doit être changé dans l'accomplissement des obligations réciproques du preneur et du bailleur, et notamment, si le locataire était tenu de certains travaux, il devrait les exécuter.

II. Du privilége du propriétaire quand le mobilier est vendu.

78. — A moins que cet état de choses vienne à cesser, que le locataire ne remplisse plus ses obligations ou que les garanties ne viennent à disparaître; qu'elles aient été données lors du contrat, ou qu'elles aient été fournies depuis. Si donc le locataire ne paie pas les loyers venant à échéance après la faillite, le propriétaire peut faire saisir et vendre les marchandises; c'est le droit commun. D'autre part, si le bail n'a pas été résilié pour une cause antérieure à la faillite, ce

n'est pas un motif pour que les syndics continuent l'exploitation du fonds de commerce, et s'abstiennent de vendre les marchandises du failli ; alors le propriétaire est en danger de perdre la jouissance de la chose et le prix ; et cependant le bail n'est pas résilié, de sorte que le bailleur ne rentrera pas en possession de son immeuble, même dégarni des choses qui formaient son gage.

Mais sur le produit de la vente des objets garnissants, il va se faire payer par privilége :

1° Les loyers des deux dernières années échues, si elles sont dues;

2° L'année courante;

3° Une année à échoir, sans distinguer si le bail a ou n'a pas date certaine;

4° Les indemnités qui peuvent lui être dues à l'occasion du bail, à quelque titre que ce soit.

79. — De sorte que, quand le bail n'aura pas été résilié, si le propriétaire perd ses garanties, il peut être payé par privilége de quatre années au plus et des indemnités.

80. — Mais ici s'élève une difficulté. Si le bail continue malgré la faillite, si les sûretés sur lesquelles le propriétaire avait compté ont disparu; en admettant qu'il soit payé pour le présent, comment le sera-t-il dans l'avenir? — Le législateur ayant admis, à tort selon nous, que la dette des loyers est une dette à terme, elle devient exigible dans son entier par la faillite du locataire. Le bailleur invoquant les articles 1188 du Code Civil et 444 du Code de Commerce (1).

(1) Art. 1188, Cod. Civ. — Le débiteur ne peut plus invoquer le bénéfice du terme lorsqu'il a fait faillite, ou lorsque par son fait il a diminué les sûretés qu'il avait données par le contrat à son créancier.

Art. 444, Cod. Com. — Le jugement déclaratif rend exigibles, à l'égard du failli, les dettes passives non échues.

va pouvoir se présenter à la faillite de son locataire pour le montant de tous les loyers à échoir.

La jurisprudence antérieure l'admettait ainsi, puisqu'elle exigeait le paiement ou la consignation des loyers à échoir, même lorsque le bail continuant, les créanciers ne dégarnissaient pas les lieux loués et offraient au propriétaire des sûretés égales à celles qu'il avait avant la faillite (1).

La loi nouvelle ne touche qu'au privilége, qu'au droit réel accessoire; le droit de créance, le droit principal reste entier; et, nous le répétons, c'est celui-ci : le propriétaire pourra exiger le paiement intégral des loyers à échoir et produire à la faillite; seulement, il ne recevra qu'un dividende et se trouvera payé. Telle est la conséquenee inévitable des principes. La dette à terme est exigible par suite de la faillite du débiteur, et le créancier qui reçoit un dividende est payé de tout ce qui lui est dû.

Eh bien! cela n'est pas pratique. Jamais un propriétaire ne consentira à accepter le paiement de ses loyers en monnaie de faillite; quand même il recevrait d'un seul coup tous ses loyers à échoir.

81. — Il fallait donc concilier les principes juridiques avec leur application possible. Là était la véritable difficulté; et elle n'a point échappé aux membres de la commission; mais la loi n'a pas voulu ou n'a pas pu la trancher, et elle a laissé l'hypothèse que nous examinons sous l'empire du droit commun. Seulement, le rapporteur de la commission a donné

(1) V. quelques-uns des arrêts cités plus haut, n° 43, en note : Cass., 7 décembre 1858 ; 28 décembre 1858, D.P. 1859, 1, 62 ; Cass., 28 mars 1865, D. P. 1865, 1, 201, et sur renvoi, Orléans, 5 août 1855, D. P. 1865, 2, 136 ; Orléans, 10 novembre 1865, D. P. 1865, 2, 227.

un bon conseil aux propriétaires. Il leur a dit : quand les choses seront telles que le gage suffira à vous payer de tout ce qui vous est dû et d'une année à venir, vous ferez bien de demander la résiliation du bail, si le failli concordataire ou ses représentants ne sont pas en mesure de remplir leurs engagements. Alors le propriétaire aura droit, en outre de ses quatre années au plus, et par privilége, à toutes les indemnités qui pourront lui être allouées par les tribunaux (V. nos 70 et suiv.).

82. — Tout cela ne tranche pas la question de savoir si le propriétaire doit produire à la faillite du locataire pour tous les loyers à échoir. D'après les principes du droit commun, il devrait le faire, et alors il serait payé de ses loyers en dividendes. Mais cette hypothèse est tellement inadmissible qu'on ne peut s'y arrêter. Disons donc que le propriétaire devra, le plus souvent, se porter créancier à la faillite de son locataire pour tout ce qui lui est dû par privilége.

Si le gage est suffisant pour le désintéresser, il sera payé et ensuite il fera résilier le bail pour l'avenir; si le gage est insuffisant, il sera créancier chirographaire pour le surplus. — Alors, il est clair qu'il éprouvera un préjudice; mais il sera beaucoup moins considérable que s'il produisait pour tous les loyers à échoir sur lesquels il ne recevrait qu'un dividende, et il serait contraint de laisser l'immeuble à la disposition du failli pour toute la durée du bail.

83. — En résumé, lorsque le propriétaire n'aura pas à faire valoir des causes de résiliation antérieures à la faillite, le bail continuera.

Si, avant la clôture des opérations de la faillite, des garanties viennent à manquer, le propriétaire produira à la faillite et il sera payé par privilége de deux années échues, de l'année courante, d'une année à échoir et de toutes les indemnités qui peuvent lui être dues.

Si le gage est insuffisant pour le remplir de la créance qui résulte des causes que nous venons d'examiner, il sera chirographaire pour le surplus.

Si le gage est suffisant pour le désintéresser, il fera bien de faire résilier le bail, si le failli concordataire ou ses représentants ne remplacent pas les garanties qui ont disparu.

Dans le cas contraire, le bail continuera à recevoir son exécution de part et d'autre.

Enfin, si le propriétaire ne veut pas faire résilier le bail, et s'il produit à la faillite pour toutes les années ultérieures à l'année courante et à l'année à venir qui lui sont payées par privilége, il sera payé par privilége de quatre années au plus et en monnaie de faillite de tout ce qui lui sera jamais dû ; et le bail continuera. Encore une fois, l'hypothèse est insensée !

III. Du cas où l'exécution du bail est garantie par une caution.

84. — Le nouvel article 550 dit expressément que le propriétaire pourra exercer le privilége réduit dans les limites de la loi de 1872. « *lorsqu'il y aura vente ou enlèvement des meubles garnissant les lieux loués.* » C'est évidemment parce que le gage qui lui est offert par l'article 2102 du Code Civil vient à disparaître. Mais nous avons vu, quand nous nous sommes occupé de la question de savoir si la faillite était par elle-même une cause de résiliation, que la jurisprudence admettait que la résiliation ne devait pas être prononcée quand le propriétaire n'était pas en danger de perdre la jouissance de la chose et le prix, s'il avait des ga-

ranties suffisantes; et la jurisprudence a toujours considéré comme garanties suffisantes une caution ou un sous-locataire (1). L'article 550 lui-même reproduit cette doctrine.

Supposons donc que l'exécution du bail contracté avec le locataire failli soit garantie par une caution, et qu'en conséquence il n'y ait pas lieu, lors de la faillite, de faire résilier le bail. Si la caution devient insolvable avant la fin des opérations de la faillite, le propriétaire va-t-il pouvoir exercer son privilége dans les limites de l'article 550, quoique, du moins nous le supposons, les meubles garnissants n'aient été ni enlevés ni vendus ?

La confusion peut venir de ce que les obligations engendrées par le contrat de bail à la charge du preneur sont personnelles: elles sont seulement garanties d'une manière accessoire par le privilége qui est un droit réel. Or il peut arriver parfois que le bailleur ait compté davantage sur les sûretés personnelles que sur le privilége; qu'on aura prévu, par exemple, qu'à raison de l'industrie du locataire et du prix de la location, il était impossible au preneur de tenir les lieux garnis de meubles suffisants pour répondre du prix du loyer, et qu'en conséquence, le bailleur aura exigé une caution (2).

(1) V. ci-dessus nos 73 et suiv.

(2) En voici un exemple assez fréquent. Le propriétaire de magasins ou de docks les afferme à un preneur, dont l'industrie consiste à emmagasiner les marchandises appartenant à des tiers. Les lieux ne sont jamais garnis de meubles suffisants pour répondre du prix du loyer, car lors même que les magasins seraient pleins de marchandises, elles ne sont pas le gage du bailleur, qui sait qu'elles n'appartiennent pas au preneur, puisqu'il est constant que les magasins ont été loués pour recevoir toutes marchandises que le public voudrait bien y déposer. Si le propriétaire de l'immeuble ne se contente pas des garanties que lui offre la solvabilité du preneur, il faudra nécessairement qu'il demande une caution.

Dans ce cas, la caution étant devenue insolvable, il est vrai de dire que les sûretés données par le contrat ne sont plus suffisantes. Le bailleur pourra-t-il exercer son privilége sur les meubles quels qu'ils soient, pour les deux années échues, l'année courante, celle à échoir et les indemnités?

85. — Il y a là deux idées ou deux théories qu'il ne faut pas confondre, celle du privilége et celle de la résiliation. Et, d'abord, en ce qui concerne le privilége, comme il ne peut s'exercer que sur *le prix* des meubles, il est bien clair qu'il faut qu'ils aient été vendus pour qu'il soit question du privilége. Aussi l'article 550 doit s'appliquer à la lettre; et le propriétaire n'aura jamais à exercer son droit de privilége que si les meubles sont vendus et enlevés.

Mais cela n'empêchera pas le locateur de demander la résiliation du bail, lorsque, les meubles n'étant ni vendus, ni enlevés, les autres sûretés qui lui auront été données par le contrat viendront à disparaître. Alors, il pourra lui-même faire vendre les meubles pour se payer par privilége jusqu'à concurrence du prix.

86. — Une semblable hypothèse sera-t-elle régie par le deuxième ou par le quatrième paragraphe de l'article 550? — La question est importante, parce que, dans le premier cas, le propriétaire a privilége pour deux années et l'année courante; et dans le second, il a encore privilége pour une année à échoir.

Malgré que, dans notre espèce, nous supposions que le bail soit résilié, nous pensons que c'est le quatrième paragraphe de l'article 550 qui doit être appliqué, et qu'alors le propriétaire aura privilége pour deux années échues, l'année courante et une année à échoir, et en outre pour les indemnités y compris celle de résiliation.

En effet, si le propriétaire peut exercer son privilége, c'est parce que les meubles ont été vendus et enlevés, et peu importe que cette vente ou cet enlèvement ait été provoqué par une cause ou par une autre, même par suite de la résiliation du bail.

En outre, le troisième paragraphe de notre article ne fait point de distinction. Le bailleur ne peut point exiger le paiement des loyers en cours ou à échoir, si les sûretés qui lui ont été données par le contrat sont maintenues, ou si celles qui lui ont été fournies depuis la faillite sont jugées suffisantes. Il est clair que lorsque la caution devient insolvable, les sûretés ne sont plus suffisantes. On se trouve en dehors des termes du paragraphe 3; le bailleur peut exiger les loyers en cours et à échoir; et comme les meubles sont enlevés, on se trouve sous l'empire du paragraphe 4.

En définitive, nous pensons que le second paragraphe s'applique uniquement au cas où le bail est résilié pour une cause antérieure à la faillite, et qu'il faudra invoquer le quatrième quand le bail étant continué, il survient dans la suite une cause de résiliation. Alors, bien entendu que la faillite n'est pas terminée.

87. — Voici une hypothèse qui n'est point prévue par la loi. Lorsque l'exécution du bail est, dès avant la faillite du locataire, garantie par une caution *solvable;* que les meubles alimentant le privilége soient ou ne soient pas suffisants pour répondre du prix du loyer, il pourra être avantageux pour le propriétaire de ne point faire résilier le bail et de produire à la faillite pour tous les loyers à échoir. Cela ne serait plus absurde !

Il sera payé par privilége, jusqu'à concurrence de ce qui lui est dû à ce titre, sur le prix des meubles; pour le reste, il sera créancier chirographaire, et il ne recevra, il est vrai, qu'un dividende; mais alors il pourra demander le surplus à la caution, qui n'aura rien à lui objecter. Elle a garanti la dette du locataire; cette dette était à terme; elle est devenue exigible par la faillite; le débiteur principal ne la paie pas tout entière; c'est à la caution de fournir le reste. — Voici donc le propriétaire payé par anticipation de tous ses loyers, et voici réalisé le résultat que la loi nouvelle a voulu empêcher. Il est vrai que ce sera aux dépens de la caution, et que la faillite n'en souffrira pas.

88. — Que va désormais devenir l'immeuble? — On ne va pas le remettre à la disposition du propriétaire qui a été payé d'avance de tout ce qui lui sera dû, car il ne peut avoir en même temps la jouissance de la chose et son prix. L'immeuble devra être laissé à celui qui, en définitive, aura payé les loyers.

89. — Mais, nouvelle complication! Les loyers ont été payés en partie par la faillite (puisque le propriétaire a été payé par privilége jusqu'à concurrence du prix des meubles; qu'il a reçu un dividende sur le reste); et en partie par la caution qui a payé le surplus.

90. — Si la caution pouvait demander à la faillite du locataire un dividende sur le montant de ce qu'elle a payé à la décharge du failli, elle serait remboursée, en monnaie de faillite il est vrai, de ce qu'elle a avancé, et n'aurait plus aucun droit au bail dont le prix aurait été payé par avance par les créanciers. Mais la caution ne peut venir à la faillite du locataire.

Elle ne pourrait y être admise que si elle avait payé un à-compte *avant* la faillite; alors, le propriétaire ne serait compris dans la masse que sous déduction de cet à-compte, et la caution serait comprise dans la même masse pour tout ce qu'elle aurait payé à la décharge du failli (art. 544, Cod. Com.). Mais nous supposons que le propriétaire ne s'est adressé à la caution qu'*après* la faillite de son locataire, et même après avoir été payé de son dividende pour tous les loyers à échoir. Et c'est ainsi que les choses doivent se passer. Il faut que le locateur sache ce qu'il recevra de la faillite pour demander le surplus à la caution. — La caution ne peut donc venir à la faillite pour plusieurs raisons. En fait, parce que quand le créancier lui réclamera ce surplus, la vérification des créances sera terminée, le dividende fixé, sinon distribué. En droit, parce que la caution ne saurait invoquer le bénéfice de l'article 544 qui prévoit le cas où l'*à-compte* a été payé *avant* la faillite, tandis qu'ici, la caution n'a pas payé un à-compte, mais un *solde*, et surtout l'a payé *après* la faillite (1). En outre, le propriétaire a produit pour

(1) Il a été jugé que la caution du failli ne peut être comprise dans la faillite qu'autant qu'elle a payé antérieurement à cette faillite tout ou partie de la dette cautionnée. (Cassation, 24 juin 1851. D. P. 1854, 5, 369; Aix, 5 juillet 1855, D. P. 1856, 2, 222.)

On a prétendu, dans la pratique, que la seconde partie de l'article 544 du Code de Commerce était générale et que toutes les fois qu'un coobligé quelconque avait payé quelque chose à la décharge du failli, il devait être admis à la faillite du débiteur pour tout ce qu'il avait payé à sa décharge.

Nous pensons, avec la jurisprudence, qu'il ne faut pas séparer les deux parties de l'article 544, et que la seconde de ses dispositions n'est que la conséquence de la première. Ce sera donc seulement quand le coobligé ou la caution aura payé un à-compte *avant* la faillite qu'il pourra demander à être compris dans la masse pour tout ce qu'il aura payé, et il devra être éloigné de toute participation quand il n'aura payé qu'*après* la faillite. Voici, du reste, les termes de l'article 544 du Code de Commerce qui semblent aussi clairs qu'on peut le désirer :

Art. 544. — Si le créancier porteur d'engagements solidaires entre le la valeur nominale de toute sa créance; il a reçu un dividende sur le montant de sa production; la faillite a donc payé tous les loyers à échoir, elle ne peut les payer une seconde fois en tout ou en partie à la caution.

La jouissance de l'immeuble devra être laissée à la faillite, et par suite au failli concordataire, pendant toute la durée du bail. En définitive, la faillite a payé intégralement le loyer au moyen du prix des meubles pour la période privilégiée, et au moyen du dividende pour le temps ultérieur. — On ne peut rien lui réclamer. Quant à la caution, c'est la loi de son contrat d'être obligée de payer tout ce que le débiteur principal ne paie pas; sans autre ressource que son recours contre ce dernier; recours qui, dans notre espèce, sera le plus souvent illusoire.

91. — En effet, la caution ne pourra pas être subrogée dans les droits du créancier contre le débiteur principal; car au moyen du dividende payé, le débiteur principal ne doit plus rien. Et qu'on ne dise pas que la caution sera déchargée parce que la subrogation aux droits du créancier aura été rendue impossible par le fait de ce dernier (art. 2037 du Code Civil).

En produisant à la faillite de son débiteur, le propriétaire n'a fait qu'user d'un droit légitime, n'a commis aucune faute et ne saurait encourir aucune responsabilité. Encore une fois, le propriétaire a demandé une caution parce qu'il

failli et d'autres coobligés a reçu, avant la faillite, un à-compte sur sa créance, il ne sera compris dans la masse que sous déduction de cet à-compte, et conservera, pour ce qui lui restera dû, ses droits contre le coobligé ou la caution.

Le coobligé ou la caution qui aura fait le paiement partiel sera compris dans la même masse pour tout ce qu'il aura payé à la décharge du failli.

n'avait pas confiance dans les garanties personnelles et réelles du locataire. C'est pour être indemne. Si le propriétaire ne reçoit pas du débiteur principal tout ce qui lui est dû, c'est à la caution de payer le reste.

92. — Pourtant, cette solution nous conduit à une iniquité. Si les créanciers continuent l'exploitation du fonds de commerce, ou si le failli, remis à la tête de ses affaires, reste dans les lieux loués jusqu'à la fin du bail, il sera logé à bon marché, puisque ce sera la caution qui aura payé le loyer, peut-être pour la majeure partie. Nul ne peut s'enrichir aux dépens d'autrui. La caution devra donc avoir une action *in factum*, une action analogue à celle qui résulte de la gestion d'affaires, pour se faire indemniser des avances qu'elle aura faites à ceux qui occuperont les lieux dont elle aura payé le loyer. Mais ce sera une action qu'elle exercera de son chef, sans rien emprunter aux droits du propriétaire, notamment aux droits de privilége ou de résiliation. Il appartiendra aux tribunaux de déterminer quel sera le montant de l'indemnité qui sera due à la caution, et si elle lui sera payée par annuités ou d'un seul coup par ceux qui profiteront du bail, sans qu'on puisse opposer à ceux-ci les clauses du bail existant entre eux et le propriétaire.

93. — Nous avons dit en commençant que l'hypothèse que nous venons d'étudier n'était pas prévue par la loi nouvelle. On pourrait peut-être nous objecter les termes mêmes du § 2 de l'article 550 qui semblent nous donner tort. On y lit : *au cas de non résiliation*, le bailleur, une fois payé de tous ses loyers échus, *ne pourra pas exiger le paiement des loyers en cours ou à échoir, si les sûretés qui lui ont été données par le contrat sont maintenues*. On pourrait peut-être nous dire que dans l'espèce que nous supposons, les sûretés données au propriétaire par le contrat sont maintenues, puisque nous avons supposé que la caution était solvable. Nous avons admis aussi que le bail n'était point résilié. Nous sommes donc dans toutes les conditions voulues par le § 2 pour que le propriétaire ne puisse exiger le paiement des loyers en cours ou à échoir.

94. — Malgré cela, nous persistons à penser que ce n'est pas notre hypothèse que le législateur a entendu régir, et qu'il l'a laissée sous l'empire du droit commun.

1° Il est manifeste que la loi nouvelle n'a eu pour but, et ne peut avoir pour effet que de restreindre le privilége du propriétaire dans les circonstances qu'elle prévoit. Cela est évident et résulte du texte même de l'article 550 qui débute en disant : « *L'article* 2102 *du Code Civil* est modifié quant » à la faillite. » L'article 2102 du Code Civil fixe le droit *privilégié* du propriétaire et ne s'occupe point de son droit chirographaire, qu'il soit garanti ou non par une caution. — Si donc l'article 550 ne peut et ne doit s'appliquer qu'au privilége, les sûretés dont il parle dans son second paragraphe doivent s'entendre des sûretés réelles, ce qui laisse sous l'empire du droit commun l'hypothèse que nous avons prévue, dans laquelle l'exécution du bail est garantie par un cautionnement.

2° Le privilége du propriétaire est réduit par la loi nouvelle seulement dans l'intérêt de la masse des créanciers. Cette loi veut empêcher le propriétaire de profiter de la faillite du locataire pour prendre pour lui le prix des marchandises que les créanciers ont payées. Elle veut terminer au profit du commerce et de l'industrie la lutte d'intérêts qui existe entre le propriétaire et la masse, et dans laquelle la jurisprudence donnait raison au propriétaire. Mais, dans la lutte qui s'élèvera entre la caution et le locateur, la masse des créanciers du locataire ne peut souffrir. Les intérêts du commerce et de l'industrie ne sont point en péril; le législateur n'avait pas à intervenir dans les relations toutes privées qui existent entre le propriétaire et la caution. Il a fait une exception au droit commun en ce qui concerne le privilége; il ne faut pas l'étendre au-delà de ses termes.

3° Enfin, le doute n'est pas permis à la lecture du rapport de M. Delsol. Après avoir dit comment la commission avait réglé le droit privilégié du propriétaire, le rapporteur nous apprend qu'elle s'est préoccupée de son droit chirographaire.

On s'est demandé, au sein de la commission, si, lorsque le privilége était épuisé, la créance du locateur étant dépourvue de toute garantie pour les années ultérieures, il aurait le droit de produire à la faillite avec la masse des créanciers, et de toucher un dividende pour toute la partie de sa créance qui n'aura pas été colloquée par privilége. Et l'on a répondu que puisque la créance du bailleur est à terme, considérée abstraction faite du privilége, elle devient comme toutes les autres créances exigible par le seul fait de la faillite. Le bailleur aura donc le droit, il aura même intérêt à figurer dans la masse chirographaire et à toucher un dividende toutes les fois que le gage sera insuffisant pour couvrir la partie de sa créance échue ou en cours que la loi déclare privilégiée. Voilà bien notre espèce. La sûreté reélle manque; le droit chirographaire s'exerce. — La commission va plus loin. Elle admet qu'alors même que le propriétaire est payé de toute la partie de sa créance qui est privilégiée, *il a le droit à des dividendes pour les années ultérieures!*

Quand le § 2 nous dit que si le bail n'est pas résilié, le propriétaire ne peut demander le paiement des loyers en cours ou à échoir, quand les sûretés sont suffisantes, il entend donc parler du droit privilégié du bailleur, puisque les rédacteurs de la loi nous disent que le locateur pourra toujours exercer son droit chirographaire. Il reste donc entier, qu'il soit ou non garanti par un cautionnement.

95. — Maintenant, il est vrai que ces principes une fois posés, la commission ne s'entend plus sur leur application, et recule devant leurs conséquences pratiques qui conduisent à l'absurde; et on détourne les yeux de la difficulté en disant : nous ne nous occupons que du privilége; le reste est laissé sous l'empire du droit commun.

96. — Il est bien évident que, malgré les termes du § 2 de l'article 550, le bailleur pourra demander chirographairement le paiement de tous les loyers à échoir, abstraction faite de son droit privilégié. La plupart du temps, ce sera insensé, nous en convenons. Mais, lorsque l'exécution du bail sera garantie par une caution solvable, le propriétaire trouvera encore le moyen de se faire payer de tous ses loyers à échoir, malgré la loi de 1872. Les locateurs d'immeubles ne manqueront point de goûter la combinaison. Que ceux à qui on demandera des cautions se tiennent sur leurs gardes!

97. — Il n'est pas très-rare de voir l'exécution d'un bail garantie par une caution. Aussi nous avons cru devoir examiner l'hypothèse dans tous ses détails. Il est plus rare de rencontrer plusieurs cautions. Si le cas se présentait, il serait aussi régi par le droit commun et il nous suffira d'en rappeler très-brièvement les principes généraux.

98. — Et d'abord, chacune des cautions peut exiger que le créancier divise son action et la réduise à la part de chacune d'elles, à moins qu'elles ne soient solidaires (art. 2026, Code Civil).

99. — Ensuite si les cautions sont solidaires entre elles et avec le locataire, et si elles sont en faillite, le propriétaire participera dans toutes les masses et devra y être admis pour la valeur nominale de son titre jusqu'à parfait paiement (art. 542 du Code de Commerce). Mais, bien entendu, le propriétaire ne pourra exercer dans les faillites des cautions qu'un droit chirographaire. Il ne pourra produire que pour ce qui lui sera dû, déduction faite de ce qu'il aura touché par privilége dans la faillite du locataire.

100. — Tout cela n'est pas pratique. En pareil cas, le propriétaire aura toujours avantage à se faire payer par privilége de tout ce qu'il pourra et à faire résilier le bail, si la faillite ne lui fournit plus les sûretés suffisantes.

IV. — Le contrat contient la prohibition de sous-louer ou de céder le bail. — Du droit de relocation.

101. — Le bail n'a pas été résilié pour une cause antérieure à la faillite. Le contrat ne donnant pas aux syndics l'autorisation de sous-louer ou de céder le bail, ils doivent continuer la jouissance du locataire failli ; mais, pour une cause quelconque, les meubles garnissant les lieux loués ont été vendus ou enlevés ; le propriétaire s'est alors fait payer par privilége des deux années dernières échues, si elles étaient dues ; en tout cas, de l'année courante et d'une année à échoir. En résumé, il a touché des loyers par anticipation. Il est alors de toute justice de laisser l'immeuble aux créanciers pendant toute la période qui a été payée à l'avance ; car le propriétaire ne peut avoir à la fois la jouissance de la chose et le prix de cette jouissance.

102. — C'est un principe d'équité qui avait déjà été consacré par l'article 2102 du Code Civil en ces termes :

« Les autres créanciers ont le droit de relouer la maison ou la ferme pour le restant du bail, à la charge, toutefois, de payer au propriétaire tout ce qui serait encore dû. »

Même sous l'empire du Code, on admettait que les créanciers qui payaient les loyers avaient un droit spécial de *relocation*, qui devait s'exercer quand même le contrat intervenu entre le bailleur et le failli aurait contenu l'interdiction de sous-louer ou de céder le bail (1); que le propriétaire eut privilége pour tous les loyers à échoir, parce que le bail avait date certaine; ou qu'il n'eut privilége que pour l'année courante et l'année à venir, si le bail n'avait pas date certaine (2).

103. — Ce principe, fondé sur la plus stricte équité, une fois admis par tout le monde, on ne s'entendait plus sur l'étendue de ses conséquences, sur les conditions auxquelles les créanciers pouvaient exercer le droit de relocation que leur conférait l'article 2102.

De ces termes de la loi : « à la charge de payer au propriétaire tout ce qui serait encore dû, » les uns concluent que les créanciers ne peuvent profiter du droit de relocation qu'à une double condition : 1° de prendre l'immeuble à leur charge pour toutes les années du bail restant encore à courir; 2° de tenir compte au propriétaire de tous les loyers à échoir. Sur ce dernier point, les partisans de ce premier système se divisent encore. Et, tandis que la doctrine admet que les créan-

(1) Dalloz, *Jur. gén.* V° *Priviléges et hypothèques*, n° 276. Pont, *Des Priviléges et hypothèques*, n° 128.
(2) Pont, *Op. et loc. cit.*

ciers peuvent user du bénéfice de payer les loyers à l'échéance de chaque terme, la Cour de Cassation exige, comme nous l'avons dit, le paiement ou la consignation immédiate de tous les loyers à échoir (1).

Dans une autre opinion, on pense que les créanciers pourraient s'affranchir de la charge du bail pour toute sa durée, surtout quand le prix des meubles ne suffit pas à désintéresser le propriétaire de tous les loyers à échoir. Dans ce cas, dit-on, les créanciers peuvent limiter dans son exercice le droit de relocation en le restreignant aux années à échoir dont le prix du mobilier aurait procuré le paiement par avance (2).

104. — Dans les circonstances auxquelles s'applique la loi du 19 février 1872, cette discussion n'a plus sa raison d'être en présence du § 6 de l'article 550 du Code de Commerce.

« Dans le cas où le bail contiendrait l'interdiction de céder le bail ou de sous-louer, les créanciers ne pourront faire leur profit de la relocation que pour le temps à raison duquel le bailleur aurait touché les loyers par anticipation, et toujours sans que la destination des lieux puisse être changée. »

Il résulte de là que lorsque des loyers pour une période quelconque sont payés par anticipation, les syndics ont le droit de céder le bail ou de sous-louer, malgré l'interdiction formelle du contrat.

105. — C'est la seule disposition de la loi nouvelle qui ait été l'objet d'une discussion à l'Assemblée nationale.

(1) V. les arrêts cités ci-dessus, n° 58. *Sic.* Duranton, t. XIX, n° 91 Valette, *Des privilèges*, n° 64.

(2) Pont, *Des Privilèges et hypothèques*, n° 129 ; Cass., 4 janvier 1860, D. P. 1860, 1, 35 et la note.

M. Hèvre reconnaissait bien que quand les loyers étaient payés par anticipation, on ne pouvait pas remettre l'immeuble à la disposition du propriétaire; mais il ne voulait pas que les syndics pussent sous-louer ou céder le bail pendant le temps qui aurait été payé par avance. Il disait que c'était une violation inutile du contrat, et au préjudice du propriétaire; que les loyers payés d'avance ne représenteraient jamais deux années et que pour un laps de temps si court on ne trouverait que des sous-locataires de hasard qui n'auraient pas pour les lieux loués les ménagements sur lesquels le propriétaire avait compté en louant au failli et en lui interdisant de mettre un inconnu à sa place; que, d'ailleurs, ces sous-locataires ne devant faire qu'un court séjour dans l'immeuble, ne le garniraient pas de meubles suffisants pour répondre même des indemnités qui pourraient être dues au propriétaire.

On a répondu à M. Hèvre que, du moment qu'il était admis qu'on ne laissait pas l'immeuble au propriétaire pendant toute la période dont les loyers avaient été payés par avance et que les créanciers pouvaient en faire leur profit, on ne devait pas les astreindre à occuper les lieux eux-mêmes.

Le plus souvent, d'ailleurs, la faillite n'aura pas continué l'exploitation du fonds de commerce, puisque le privilége ne pourra s'exercer pour l'année à échoir que si les meubles sont vendus et enlevés, ce qui n'aura pas lieu quand l'exploitation continuera. Si donc on empêchait les syndics de sous-louer, ce serait leur faire une concession stérile que de leur permettre de faire leur profit de l'immeuble.

Quant aux dangers que peut courir le propriétaire, ils sont chimériques. En effet, il n'aura pas à craindre pour ses loyers, puisqu'ils sont payés d'avance. Il ne pourrait avoir d'inquiétude que pour les réparations qui seraient rendues nécessaires par un abus de jouissance. Eh bien ! a-t-on dit, toutes les conditions du bail devant être observées, le locataire quel qu'il soit sera tenu de garnir les lieux de meubles suffisants pour répondre des indemnités qui pourraient être dues au propriétaire. Celui-ci aura donc un aliment pour le privilége qui garantit la créance qu'il aurait de ce chef. Si toutes les obligations du preneur ne sont pas exécutées, le locateur fera résilier le bail et pourra obtenir des dommages-intérêts pour lesquels il aura encore privilége. Il est donc parfaitement à l'abri.

106. — Le projet de la commission ne portait pas les derniers mots du paragraphe : « *et toujours sans que la destination des lieux puisse être changée.* Cette addition a eu lieu lors de la troisième lecture du projet de loi pour calmer certaines préoccupations.

On craignait que les syndics ayant la faculté de sous-louer, et voulant à tout prix se décharger du bail, ne prissent n'importe quel sous-locataire, et que celui-ci, exerçant une industrie différente de celle du failli, n'usât des lieux loués dans des conditions qui n'étaient pas celles que le propriétaire avait prévues lors du contrat. On a dit aussi dans la discussion que le sous-locataire choisi par les syndics devait nécessairement exercer la même industrie que le failli. Devons-nous prendre tout cela à la lettre, et préconiser, dans le cas où le contrat interdit de sous-louer, une théorie différente de celle que nous avons soutenue pour le cas où la sous-location et la cession sont permises par le contrat ? (V. ci-dessus n° 75.)

Les raisons de décider nous semblent les mêmes puisqu'on se trouve dans une position absolument identique.

Les syndics ont le droit de sous-louer, seulement il leur est attribué par la loi au lieu de leur être conféré par la convention. Il y a même une raison de plus à donner ici, c'est que la sous-location ne pouvant, en général, avoir lieu que pour un temps très-court, il sera, le plus souvent, impossible aux syndics de trouver un sous-locataire exerçant précisément la même industrie. Il faut entendre les dispositions législatives dans le sens avec lequel elles peuvent produire un effet pratique et raisonnable. Aussi, malgré les paroles que le rapporteur a prononcées à ce sujet et qui sont peut-être échappées à son improvisation, nous pensons que la destination des lieux ne sera point changée et que la loi recevra toute satisfaction quand même le sous-locataire exercerait une industrie différente de celle du failli, si sa présence dans les lieux loués ne nécessite aucun changement dans l'immeuble, et ne porte aucun préjudice au propriétaire et aux autres locataires de la maison.

107. — Il peut arriver que le locataire ait payé des loyers par anticipation avant d'être en faillite. Si le bail n'est pas résilié, les choses resteront en état. Si le bail est résilié, le propriétaire devra tenir compte à la faillite des loyers qui auront été ainsi payés d'avance. Il est évident que le bailleur ne peut retenir les loyers pour une période dont le locataire n'aura pas la jouissance. Il y aura donc compte à faire, et les loyers payés par anticipation devront être imputés sur ce qui pourra être dû par privilége au locateur. Et si, par hasard, le propriétaire se trouvait débiteur, il devrait restituer à la faillite ce qu'il aurait reçu en trop.

Ces principes et leur application résultent du droit commun, et ils sont tellement indiqués que M. Drouin, ayant présenté un amendement dans lequel il les formulait, la commission a pensé que l'imputation dont il s'agit ne pourrait soulever la moindre difficulté et qu'il était inutile de l'édicter (1).

108. — Nous pensons aussi qu'il ne pourrait pas se présenter de difficultés. Mais si les objets garnissants ne suffisaient pas pour désintéresser le propriétaire, pourrait-il garder ce qu'il a reçu pour se payer du prix du bail pendant l'année courante et l'année à échoir s'il y a lieu? — Il ne faudrait peut-être pas répondre affirmativement d'une manière absolue. Le locataire a payé alors une dette non échue, et le syndic, invoquant l'article 446 du Code de Commerce pourrait, si le paiement par anticipation avait eu lieu depuis la cessation des paiements ou dans les dix jours qui l'ont précédée, demander le rapport de ce qui a été indument payé, et régler la créance du propriétaire, seulement avec le prix des objets alimentant le privilége. — Tant pis pour le bailleur, s'il ne touchait même pas le prix d'une année privilégiée. — Il serait créancier chirographaire pour le reste.

(1) Rapport supplémentaire de M. Delsol.

CHAPITRE III

COMPÉTENCE

109. — Toutes les contestations relatives aux sujets que nous venons de traiter sont civiles, et doivent être portées devant les tribunaux ordinaires.

110. — Certaines actions sont de la compétence des juges de paix. En effet, aux termes de l'article 3 de la loi du 11 avril 1838, les juges de paix connaissent, sans appel, jusqu'à la valeur de 100 fr., et à charge d'appel à quelque somme que la demande puisse s'élever : — des actions en paiement de loyers ou fermages, — des congés, — des demandes en résiliation de baux fondées sur le seul défaut de paiement des loyers et des fermages, — des expulsions de lieux et des demandes en validité de saisie-gagerie ; — le tout, lorsque les locations verbales et par écrit n'excèdent pas annuellement, à Paris 400 fr. et 200 fr. partout ailleurs.

111. — Toutes autres actions seront de la compétence du Tribunal civil.

CHAPITRE IV

DU PRIVILÉGE ET DU DROIT DE REVENDICATION AU PROFIT DU VENDEUR D'EFFETS MOBILIERS

Le privilége et le droit de revendication établis par le n° 4 de l'article 2102 du Code Civil, au profit du vendeur d'effets mobiliers, ne peuvent être exercés contre la faillite.

112. — Le dernier paragraphe de l'article 550 reproduit tout l'ancien article 550 du Code de Commerce. Il ne touche pas les rapports du locateur et du locataire; il n'est pas l'objet de la loi du 19 février 1872, et se trouve en dehors de notre sujet. Il ne donne lieu, d'ailleurs, à aucune difficulté.

Aux termes de l'article 2102, 4°, du Code Civil, le vendeur d'effets mobiliers non payés a un privilége sur le prix de ces effets, s'ils sont encore dans la possession du débiteur, que celui-ci les ait achetés à terme ou sans terme.

En outre, si la vente en a été faite sans terme, le vendeur a un droit de revendication qu'il peut exercer à certaines conditions énumérées par la loi.

113. — Lors de la promulgation du Code Civil, les lois et les usages du commerce avaient réglé tant bien que mal le droit de revendication du vendeur en cas de faillite du possesseur, et le Code réserva ces matières.

Il n'est rien innové aux lois et usages de commerce sur la revendication.

Le Code de Commerce de 1807 et la loi sur les faillites de 1838, ont réglementé la revendication de telle sorte que la partie de l'article 2102 du Code Civil qui en parle ne s'applique pas lorsque le possesseur est en faillite. La législation à cet égard est contenue tout entière dans les articles 574 et suivants du Code de Commerce.

114. — Quant au privilége du vendeur d'effets mobiliers non payés, le Code de 1807 l'avait laissé sous l'empire du droit commun. Il en était résulté des abus qui avaient amené le législateur de 1838 à inscrire l'article 550 tel que la loi nouvelle l'a reproduit.

CHAPITRE V

DISPOSITIONS TRANSITOIRES

115. — La loi n'a point d'effet rétroactif. C'est seulement pour les baux passés depuis la loi du 19 février 1872 que les relations du propriétaire et de la faillite du locataire seront modifiées.

Art. 2. — La présente loi ne s'appliquera point aux baux qui, avant sa promulgation, n'auront point acquis date certaine (1).

Elle s'appliquera donc aux baux qui, constatés par un acte sous-seings privés, n'auraient point été enregistrés avant le 19 février 1872. Il est à croire qu'ils seront rares ; cependant il peut se rencontrer des personnes qui auront négligé d'obéir aux prescriptions de la loi du 25 août 1871, ou bien encore qui auront fait une déclaration en supposant un bail verbal quoiqu'il existât un acte sous-seings privés. Un tel acte pourrait être opposé aux créanciers, et alors ce serait la loi du 19 février 1872 et non l'article 2102 du Code Civil qui serait applicable : car il est constant, en fait, qu'alors il existe un bail et qu'il n'a pas acquis date certaine avant la promulgation de la loi.

116. — Mais les dispositions de la législation nouvelle

(1) Art. 1328, Code Civil. — Les actes sous seings privés n'ont de date contre les tiers que du jour où ils ont été enregistrés, du jour de la mort de celui ou de l'un de ceux qui les ont souscrits, ou du jour où leur substance est constatée dans des actes dressés par des officiers publics, tels que procès-verbaux de scellés ou d'inventaires.

auraient été trop longtemps inutiles si la jurisprudence de la Cour de Cassation avait dû commander toutes les locations en cours d'exécution, constatées par des actes ayant reçu date certaine avant la promulgation de la loi de 1872.

Pour celles-là on reconnaît le droit du propriétaire aux loyers échus et à échoir, suivant les distinctions de l'article 2102 du Code Civil.

« Toutefois, le propriétaire qui, en vertu desdits baux, a privilége pour tout ce qui est échu et tout ce qui est à échoir, ne pourra exiger par anticipation les loyers à échoir, s'il lui est procuré des sûretés suffisantes pour en garantir le paiement. »

117. — Au contraire, si les sûretés ne sont pas suffisantes, la jurisprudence de la Cour de Cassation s'appliquera dans toute sa rigueur. Ainsi, lorsque l'exploitation n'étant pas continuée, les marchandises auront été vendues; lorsqu'un cessionnaire du fonds de commerce ne viendra pas prendre la place du failli, le propriétaire pourra encore exiger le paiement de tous les loyers à échoir, sous le bénéfice des distinctions de l'article 2102 du Code Civil, et sauf pour les créanciers le droit de relouer l'immeuble. Et la controverse relative à l'étendue de ce droit que nous avons signalée (n° 103) subsiste encore dans toute sa force.

118. — Toutefois, il faut reconnaître que la conséquence inique qui résultait de la jurisprudence de la Cour de Cassation ne se produira plus. Le plus souvent, quand les sûretés ne seront pas suffisantes pour garantir le paiement de tous les loyers à échoir, le propriétaire aura intérêt à résilier le bail, puisqu'alors son privilége n'aura plus d'aliment. Et, dans le cas contraire, il ne pourra pas exiger les loyers par anticipation. On ne verra donc plus le locateur obliger les créanciers ou le failli concordataire à lui verser le prix

intégral des loyers à venir lorsqu'il conserve, pour être payé à chaque échéance, toutes les garanties sur lesquelles la loi ou la convention lui donnait le droit de compter. Il ne prendra plus pour lui seul le prix de toutes les marchandises que les créanciers avaient contribué à payer; il laissera un actif à la faillite, et les concordats seront possibles.

119. — Quand nous disons, avec le texte de l'article 2 de la loi nouvelle, qu'elle ne s'appliquera point aux baux qui ont acquis date certaine avant la promulgation, nous n'entendons parler que de l'article 550, car l'article 450, qui forme la première disposition de la loi a dû s'appliquer dès l'instant de sa publication.

La disposition transitoire a donc seulement trait au droit privilégié du propriétaire, et point du tout au droit de résiliation.

1° Le texte de l'article 2 ne fait allusion qu'au privilége du propriétaire.

2° Dans le premier projet de la commission, cet article 2 n'existait pas, on n'avait pas cru devoir formuler cette non rétroactivité qui résulte des principes mêmes de notre législation. Mais M. Louvet demanda par voie d'amendement qu'il fut dit « que les faillites déclarées antérieurement à la promulgation de la loi, continueraient à être réglées par les anciennes dispositions du Code de Commerce. » Si cette formule avait été admise, nous ne nous ferions pas de difficultés, parce qu'elle était très-générale. Dans toute faillite ouverte avant que la loi du 19 février fut devenue exécutoire, on aurait suivi les anciennes traditions à la lettre, en tout et toujours. Ainsi, quant à la résiliation du bail, on aurait appliqué l'ancien article 450; et on n'aurait suivi le nouveau que pour les faillites déclarées depuis la publication de la loi. De sorte que, pour préciser davantage, dans toutes les faillites ouvertes avant le 19 février, même à la veille, les syndics n'auraient pas été tenus de notifier leur intention de continuer le bail, et le locateur n'aurait pas eu un délai de quinzaine pour faire valoir les causes de résiliation antérieures à la faillite, etc.

Quant au privilége, la formule de M. Louvet laissait à régler, conformément à la jurisprudence de la Cour de Cassation, les relations du bailleur et du preneur dans toutes les faillites antérieures à la loi, et soumettait le propriétaire à la réduction du privilége dans toutes les faillites ultérieures.

La commission n'a pas adopté la rédaction de M. Louvet, elle l'a modifiée mais ne s'est préoccupée que du privilége. — Le motif que donne l'honorable rapporteur du rejet de cette partie de l'amendement de M. Louvet, c'est que « les effets d'un contrat doivent être régis par la loi en vigueur lors de sa formation et que le privilége du bailleur lui étant acquis dès l'origine, le privilége ne doit pas subir la réduction (1). »

Ce raisonnement est parfaitement exact, mais il ne saurait s'appliquer à la procédure inaugurée par le nouvel article 450. Car c'est une règle de procédure et pas autre chose que celle qui est édictée par l'article 450. Or, les lois de procédure s'appliquent toujours dès qu'elles sont exécutoires.

« En effet, la procédure ne porte point par elle-même sur le fond des choses, et les modifications qu'elle subit laissent intacts les droits dont elle doit procurer et assurer l'exécution. Peu importe aux parties que, par exemple, la loi nouvelle change les délais ou les formes, soit de l'ajournement,

(1) Rapport supplémentaire de M. Delsol.

soit de l'appel (1). » Peu importe, dirons-nous à notre tour, que les voies d'exécution soient suspendues pendant 30 jours ou pendant un plus long délai. Peu importe que le propriétaire ait désormais un délai pour demander la résiliation, du moment qu'on ne fait que réglementer son droit sans y porter atteinte.

Concluons donc et constatons, que le nouvel article 450, est applicable depuis le 19 février 1872 à toutes faillites, même à celles qui, étant ouvertes antérieurement, n'étaient pas arrivées à ce moment où la notification doit être faite par les syndics. En d'autres termes, dans toute faillite dans laquelle les délais de l'article 492 du Code de Commerce n'étaient pas expirés lors de la publication de la loi du 19 février 1872, les syndics auront eu huit jours pour faire leur notification; que s'ils ne l'ont pas faite, le propriétaire pourra toujours faire valoir les causes de résiliation existant à son profit, quand même le bail aurait acquis date certaine antérieurement au 19 février 1872.

120. — En résumé, le principe de non rétroactivité eût été suffisamment respecté par le silence du législateur. En droit, le principe n'est pas en question quand il s'agit de la résiliation; et, s'il y a lieu d'en tenir compte en ce qui concerne le privilége, en fait, ce sera une lettre-morte, car aujourd'hui tous les baux écrits doivent avoir date certaine, et sont soumis aux prescriptions de l'art. 2102.

La seule utilité véritable de l'article 2, c'est tout en reconnaissant au propriétaire le droit aux loyers à échoir, de le forcer à attendre les échéances pour les encaisser.

121. — La loi du 19 février 1872 est donc un bienfait.

(1) Delsol. *Explication élémentaire du Code Civil*. T. 1 p. 23.

Malheureusement, ainsi que nous l'avons démontré (nos 20 et suiv., 53 et suiv.), elle s'applique dans des circonstances trop rares. Toutes les fois qu'on ne se trouvera pas dans ses termes; toutes les fois qu'il ne s'agira pas d'une location d'immeubles affectés au commerce ou à l'industrie du locataire failli, on rencontrera toutes les difficultés que fait naître l'application du droit commun. Toutes les divergences, toutes les controverses que nous avons signalées se représenteront.

Il est impossible de les résoudre en invoquant la loi nouvelle, parce que c'est une loi d'exception qui ne doit pas régir d'autres hypothèses que celles pour lesquelles elle a été spécialement faite. Mais comme ces résultats regrettables ont été amenés par une mauvaise interprétation de textes sous lesquels la pensée de leurs auteurs était plus ou moins cachée, il est à espérer que les tribunaux s'inspireront de la volonté clairement manifestée par le législateur de 1872 pour appliquer le droit commun.

ANNEXES

ANNEXES

I

RAPPORT fait au nom de la commission chargée d'examiner la proposition de M. Corbet-Poulard, *tendant à déterminer la réduction du privilége des propriétaires d'immeubles affectés à une destination industrielle ou commerciale, lorsque l'industriel ou le commerçant qui les occupe tombe en faillite, par* M. Delsol, *membre de l'Assemblée Nationale* (Séance du 31 juillet 1871).

Messieurs, dans la séance du 7 avril 1871, notre honorable collègue, M. Corbet-Poulard, a déposé une proposition de loi ainsi conçue :

» Vu l'article 2102 du Code Civil dont suit le texte ;

» Considérant qu'il résulte d'une longue expérience de la loi de 1838, qui maintient les priviléges accordés par l'article 2102 du Code Civil, qu'elle fait au propriétaire de l'immeuble ou des immeubles occupés par un failli une position excessive, exorbitante, au milieu de tant de situations malheureuses qui naissent d'une faillite ;

» Considérant, en effet, qu'il est surabondamment démontré qu'elle devient chaque jour, dans son application, aussi injustement avantageuse à l'intérêt du propriétaire dont il s'agit, qu'injustement préjudiciable à l'intérêt de la masse des créanciers ;

» Considérant que les réclamations incessantes et instantes, soit des Tribunaux consulaires, soit des Chambres de commerce, n'ont point encore abouti à obtenir un changement dans la législation à cet égard ;

» Considérant que ce changement, si nécessaire et si urgent, ne s'est jamais imposé avec plus d'opportunité que dans les circonstances déplorables qui sont à la veille de déterminer tant de sinistres commerciaux, soit à Paris, à la suite des calamités d'un long siége et des calamités plus grandes encore d'une guerre civile ; soit en province, à la suite de l'invasion étrangère ;

» Considérant que, sans vouloir lui attribuer d'effet rétroactif sur les baux en cours, une loi qui réduirait, pour l'avenir, le droit des propriétaires d'immeubles en matière de faillite, serait, ce me semble, de nature à rendre, pour le présent même, les propriétaires moins exigeants, dans les liquidations si nombreuses et si énormes qui vont inévitablement avoir lieu ;

» Par ces motifs, et tout en réservant les autres points de la législation commerciale qui ont besoin d'être modifiés ;

» Le soussigné dépose le projet de loi suivant :

» Le privilége du propriétaire d'immeubles affectés à un usage industriel ou commercial se bornera, en cas de faillite du locataire : 1° si le bail a date certaine, à l'année courante et aux dix-huit mois qui la suivront ; s'il n'a pas date certaine, à l'année courante et aux six mois qui la suivront ;

» Les créanciers auront le droit d'exploiter les lieux laissés par le failli, selon le mode qu'ils croiront le plus conforme à leurs intérêts ; mais ils n'auront pas la faculté d'en changer la destination, sans le consentement du propriétaire ;

» Le propriétaire, néanmoins, sera admis à demander la résiliation du bail ; un délai de trois mois à partir de la déclaration de faillite lui sera laissé pour opter entre l'exercice de son privilége tel qu'il est réglé ci-dessus, et l'action résolutoire. »

Le simple énoncé de la proposition de M. Corbet-Poulard en démontre la haute importance. Pour l'apprécier en parfaite connaissance de cause, il est nécessaire d'examiner l'état actuel de la question, au triple point de vue de la législation, de la jurisprudence et des intérêts multiples qu'il s'agit de sauvegarder.

Dans la pensée de l'auteur de la proposition, la loi nouvelle doit rester étrangère aux baux déjà faits et en cours d'exécution. Elle ne pourrait les atteindre qu'en violation des principes et en produisant un effet rétroactif. Mais si cette loi réduit pour l'avenir, en cas de faillite, le privilége des locateurs d'immeubles affectés à un usage industriel ou commercial, il est incontestable qu'un changement aussi grave apporté à la législation existante, sera de nature à modérer les prétentions des propriétaires et à amener des transactions favorables au réglement des nombreuses faillites qui ne manqueront pas d'éclater à la suite des douloureux événements que nous venons de traverser. Sans régir le passé, la loi nouvelle aidera donc puissamment à le liquider.

I. — ETAT ACTUEL DE LA LÉGISLATION ET DE LA JURISPRUDENCE

La législation qui régit actuellement le privilége des bailleurs d'immeubles sur le prix des objets garnissant les lieux loués, est contenue dans l'article 2102, 1°, du Code Civil, cité par l'auteur même de la proposition. Cette législation s'applique, sans distinction, à tous les locateurs d'immeubles, que ces immeubles aient une destination industrielle ou commerciale, ou qu'ils soient de pure habitation. Elle leur accorde privilége « pour tout ce qui est échu et pour tout ce qui est à échoir si les baux sont authentiques, ou si, étant sous signature privée, ils ont date certaine. »

« Et à défaut de baux authentiques, ou lorsqu'étant sous signature privée, ils n'ont pas de date certaine, pour une année, à partir de l'année courante. »

Lorsque le Code fut promulgué, l'article 2102, 1°, ne présentait pas de sérieux inconvénients en cas de faillite.

D'une part, les grands établissements industriels ou commerciaux qui ne peuvent se fonder qu'avec des conditions de longue durée, étaient fort peu nombreux, et l'on ne rencontrait guère des baux de quinze, vingt et trente ans, qui, de nos jours, sont devenus fréquents.

D'autre part, la valeur locative des propriétés foncières n'avait pas encore pris tout son développement, et les loyers d'un chiffre très-élevé étaient à peu près inconnus.

Les différends entre les propriétaires et les syndics n'avaient donc pas l'importance exceptionnelle qu'ils ont acquise depuis. Ils se terminaient, le plus souvent, par des transactions. Puis la jurisprudence admettait des tempéraments qu'elle écarte aujourd'hui. On décidait, notamment, que le bailleur ne pouvait demander la résiliation du bail que si les sûretés sur lesquelles il avait le droit de compter étaient diminuées, et que le seul fait de la faillite ne donnait pas ouverture au paiement anticipé de tous les loyers à échoir.

Depuis une quinzaine d'années environ, les propriétaires d'immeubles ont mis dans leurs prétentions un degré de rigueur jusque là inusité et qui s'explique par l'élévation même du chiffre des loyers qu'ils avaient à réclamer de leurs locataires Ils ont soutenu qu'en cas de faillite la totalité des loyers à échoir devenait exigible, et qu'ils avaient, aux termes de l'article 2102, 1°, le droit de se les faire payer par préférence à tous les autres créanciers, sur le prix des objets garnissant les lieux loués.

Ce système, avons-nous besoin de le dire, était plein de périls pour le réglement équitable des faillites. S'il triomphait, l'actif devait être presqu'inévitablement absorbé par les créances privilégiées des propriétaires, toutes les fois que la durée du bail et le chiffre du loyer avaient quelqu'importance. Tout concordat devenait dès-lors impossible; le fonds de commerce qui, dans la plupart des cas, représente l'actif principal de la faillite, ne pouvait pas être utilement cédé, et faisait retour au propriétaire ou était anéanti; en un mot, les créanciers et le failli subissaient un désastre définitif. Quant au bailleur, payé de ses loyers par anticipation, il trouvait une occasion de fortune dans la ruine commune de son débiteur et des créanciers de son débiteur.

Ces conséquences si graves étaient, ce semble, de nature à faire écarter par les tribunaux la solution extrême qui leur était demandée. Néanmoins plusieurs décisions rendues en 1858, 1859 et 1860, accusèrent une tendance favorable à la prétention des propriétaires.

Ces décisions produisirent une véritable émotion dans le monde commercial, et dès le 7 décembre 1860, l'honorable M. Corbet-Poulard signalait, dans un discours qu'il prononçait comme président sortant d'exercice, devant le Tribunal de commerce d'Abbeville, la nécessité de réduire, en cas de faillite, le privilége exorbitant et désastreux du propriétaire.

« Nous nous en voudrions, disait-il, de ne pas dénoncer, une fois encore, tout ce que nous a paru avoir d'exorbitant, dans son application en matière de faillite, le privilége constitué par l'article 2102 du Code Napoléon, en faveur du propriétaire qui se présente, muni d'un long bail, dûment enregistré, surtout quand ce bail porte sur un immeuble important, et stipule, dès-lors, un prix élevé de location. »

Le 6 juillet 1861, dans un discours d'installation, M. Denière, président du Tribunal de commerce de la Seine, demandait la même réforme et s'exprimait en ces termes sur les jugements et arrêts qui avaient admis la prétention des locateurs d'immeubles :

» Sans nous appesantir sur les conséquences de ces décisions et qui, entre autres résultats regrettables, mettent aux mains des propriétaires, avec le capital de la créance non échue, les intérêts de ce capital, nous ferons remarquer que si la législation, telle qu'elle est interprétée, était maintenue, l'actif des faillites serait menacé de disparaître en entier, et la ruine de la généralité des masses de créanciers serait fatalement consommée.

» Il n'entre pas dans notre pensée de contester la juste protection qui est due aux droits et aux intérêts du propriétaire ; mais la même protection n'est-elle pas due aux commerçants, aux créanciers qui ont foi et confiance à un débiteur? »

Ces considérations d'équité, que les limites de cet exposé ne nous permettent pas de développer, militent en faveur d'une réforme législative que l'intérêt de la sécurité du commerce rendent non-seulement nécessaire, mais encore urgente.

M. l'avocat-général Blanche, dans un discours de rentrée du 4 novembre 1864, signalait à la Cour de Cassation les réclamations du commerce contre les droits exorbitants que les propriétaires voulaient s'arroger, et il appelait sur ce point les réformes du législateur.

De leur côté, la plupart des jurisconsultes attaquaient très-vivement l'interprétation donnée par la Cour suprême à l'article 2102, 1°, du Code Civil, et quelques Cours d'appel, notamment celle de Paris, refusaient de consacrer le système des propriétaires.

Au milieu de toutes ces controverses survinrent deux décisions qui fixèrent d'une manière définitive la jurisprudence.

La Cour de Cassation saisie de deux pourvois dirigés contre deux arrêts de la Cour de Paris, rendit, à la date du 28 mars 1865, après une discussion solennelle, deux arrêts qui cassaient ceux de la Cour de Paris et assuraient désormais le triomphe des prétentions jusque là si discutées des bailleurs d'immeubles.

Voici le texte des principaux considérants de l'un de ces arrêts dont les termes sont d'ailleurs presque identiques à ceux de l'autre :

« La Cour,

» Vu les articles 444 du Code de Commerce, 1188, 2102, 1184 et 1741 du Code Napoléon.

. . . .

» Attendu, en droit, qu'aux termes des articles 1188 du Code Napoléon et 444 du Code de Commerce, le débiteur ne peut, en cas de faillite, invoquer le bénéfice du terme ; qu'il résulte de cette règle que le propriétaire bailleur a le droit de réclamer de son locataire failli, non-seulement les loyers échus, mais encore ceux à échoir ; et que si la somme nécessaire pour le remplir du montant de cette créance n'est pas payée, ou au moins consignée, il est fondé à se prévaloir du privilége de l'article 2102 du Code Napoléon, et à exiger, conformément aux articles 1184 et 1741 du même Code, au cas où le prix des loyers dont s'agit ne serait qu'imparfaitement payé ou consigné, la résiliation du bail pour la durée du temps dont les loyers ne lui auraient pas été comptés ou assurés ;

. . . .

» Que si l'article 2102, par un motif d'équité et en dehors des règles du contrat de louage, accorde aux créanciers en concours avec le propriétaire, la faculté de relouer pour le temps correspondant aux loyers à échoir dont le propriétaire aurait été payé, ce n'est que pour les indemniser de ce paiement qui, en tout cas, doit être fait par préférence et par anticipation ;

» Casse l'arrêt rendu par la Cour impériale de Paris, le 26 juin 1863. »

Cette jurisprudence ne tarda pas à produire les effets les plus déplorables pour les faillis et les masses de créanciers. Non-seulement on vit les faillis et les créanciers ruinés par le paiement anticipé des loyers fait au propriétaire, mais encore la justice consulaire alla jusqu'à refuser l'homologation des concordats, par l'unique motif que le propriétaire s'était réservé le droit de réclamer tous les loyers à échoir. On peut citer dans ce sens un jugement du Tribunal de commerce de la Seine, rendu le 29 avril 1867, sous la présidence de l'honorable M. Louvet.

Le Tribunal constate, dans son jugement, qu'aucune opposition n'a été formée à l'homologation du concordat, qui a été régulièrement voté dans les formes voulues par la loi ; qu'aucun fait de fraude ou de mauvaise foi ne s'est révélé au cours des opérations ; que le concordat, octroyé au failli, sous la promesse du paiement intégral de son passif, bien que préférable à l'union, ne présenterait néanmoins aucune garantie d'exécution, à cause de la réserve faite, au cours de la faillite, par le propriétaire de réclamer tous les loyers à échoir. Puis, posant en principe que la justice ne peut tromper la confiance des tiers, en donnant la sanction de son autorité à un concordat dont l'exécution est impossible, il arrive à cette conclusion que le concordat dont s'agit ne peut être homologué au triple point de vue de l'intérêt des créanciers, de l'intérêt public et de la dignité de la justice elle-même.

Ce langage élevé était, on peut le dire, le cri de la conscience poussé par les représentants autorisés de l'équité et de l'honneur commerciaux.

Sous la pression de l'opinion publique, des réclamations incessantes du commerce et des liquidations scandaleuses de certaines faillites, qui avaient enrichi les propriétaires au détriment de tous les autres intéressés, le gouvernement se décida à présenter au Corps législatif un projet de loi destiné à faire disparaître les inconvénients d'une telle jurisprudence. Cette présentation eut lieu dans la séance du 28 décembre 1867. Le projet fut examiné d'une manière très approfondie par la commission du Corps législatif, qui proposa d'y introduire diverses modifications. Malheureusement le Conseil d'État ne put se mettre d'accord avec elle, et lorsque l'Empire disparut, la loi n'était pas encore votée.

Il suffit, Messieurs, d'avoir rappelé les faits qui précèdent pour vous avoir montré que la proposition de notre honorable collègue est aussi urgente qu'elle est nécessaire pour donner satisfaction aux intérêts légitimes du commerce.

Il nous reste maintenant à examiner les questions nombreuses et fort délicates que la proposition soulève, et dont la solution expresse ou implicite doit être donnée par la loi nouvelle.

II. — QUESTIONS A RÉSOUDRE.

Ces questions sont les suivantes :

1° La loi nouvelle doit-elle modifier l'article 2102 du Code Civil et s'appliquer à tous les baux sans restriction, ou bien doit-elle être circonscrite dans le domaine commercial et ne s'appliquer qu'aux baux des immeubles affectés à un commerce ou à une industrie?

2° La faillite doit-elle avoir pour effet de résilier le bail?

3° Un délai doit-il être imparti, soit au bailleur pour faire connaître s'il veut demander la résiliation, soit aux créanciers pour faire connaître s'ils entendent s'opposer à cette demande et exécuter le contrat?

4° La faillite doit-elle rendre exigibles tous les loyers à échoir?

5° Quelle doit être l'étendue de la collocation privilégiée ou chirographaire du bailleur, soit pour les loyers échus, soit pour les loyers à échoir? *Quid* des indemnités qui pourraient être dues par le locataire?

6° Dans quelles conditions devra s'exécuter le droit de relocation du failli?

III. — DISCUSSION.

Première Question. — *La loi nouvelle doit-elle modifier l'article 2102, 1°, du Code Civil et s'appliquer à tous les baux sans distinction, ou bien ne doit-elle s'appliquer qu'aux baux des immeubles affectés à une destination industrielle ou commerciale?*

Dans sa proposition, l'honorable M. Corbet-Poulard ne demande de modifications à la loi actuelle que pour les baux des immeubles affectés à un usage industriel ou commercial.

Plusieurs membres de la commission ont combattu le caractère limitatif de cette proposition. Les uns se sont placés au point de vue de l'intérêt personnel du locataire commerçant, et les autres au point de vue de la liquidation de la faillite, lorsque le failli est en même temps locataire d'immeubles affectés à son commerce ou à son industrie et d'immeubles n'ayant pas cette destination.

Les premiers ont dit que si la réduction du privilége doit être exclusivement admise en cas de faillite et ne pas porter atteinte à tous les propriétaires d'immeubles sans distinction, par une modification apportée à l'article 2102, 1°, du Code Civil, il en résultera pour les créanciers du locataire dont l'actif sera réalisé un intérêt à faire déclarer sa faillite, intérêt qui n'existerait pas si, dans tous les cas, le privilége subissait la même restriction.

Cette réalisation de l'actif, à la suite de laquelle le privilége sera exercé, pourra, disent-ils, être effectuée sans déclaration de faillite, par exemple, s'il y a un arrangement amiable entre le débiteur et ses créanciers, ou si le bailleur dont les sûretés ont été diminuées, demande, en vertu de l'article 1188 du Code Civil, le paiement intégral de ses loyers et fait vendre les meubles de son débiteur, ou encore si le preneur vient à décéder laissant des enfants mineurs et que les meubles garnissant les lieux loués soient vendus à la diligence du tuteur, par application de l'article 452 du Code Civil.

Au point de vue de la liquidation des faillites, on a soutenu, non pas précisément que la réduction du privilége devait être édictée pour tous les baux sans distinction, par voie de modification de l'article 2102, 1°, mais que, du moins, elle devait atteindre sans réserve tous ceux qui ont été faits à un commerçant failli, que les immeubles soient ou non affectés à l'exercice de son commerce ou de son industrie.

La majorité de votre commission, Messieurs, a cru ne devoir adopter ni l'une ni l'autre de ces opinions.

D'abord, en fait, il est incontestable que la réalisation de l'actif d'un commerçant sera toujours accompagnée ou suivie d'une déclaration de faillite. En fût-il autrement, nous ne voyons pas en quoi on pourrait critiquer l'intérêt qu'auraient alors les créanciers à poursuivre cette déclaration.

Les ménagements que l'on doit à un débiteur malheureux ne peuvent pas aller jusqu'à subordonner les droits des créanciers aux prétentions exorbitantes du propriétaire, et du moment que celui-ci persisterait à vouloir se faire payer tous les loyers à échoir, nous trouverions tout naturel que les créanciers fissent mettre le locataire en faillite pour imposer au propriétaire la réduction de son privilége. Ce ne sont pas les créanciers qu'il faudrait alors blâmer ; ce serait le propriétaire. Les premiers n'auraient fait que défendre un intérêt légitime, le second aurait sacrifié le locataire à sa cupidité.

En second lieu, votre commission n'a pas pensé que l'on put mettre sur la même ligne tous les baux faits à un commerçant quelle qu'en soit la nature. Lorsque les lieux loués sont affectés à l'exercice de son commerce ou de son industrie, la réduction du privilége se comprend et se justifie. C'est, en effet, en vue de ce commerce ou de cette industrie que les créanciers ont fait confiance au débiteur ; c'est dans les locaux que ces marchandises sont entrées, et lorsque le conflit vient à éclater entre eux et le propriétaire, il est tout naturel que les marchandises livrées par eux et non payées par le locataire ne deviennent pas le gage exclusif du bailleur.

Lorsque, au contraire, les lieux loués au commerçant failli consistent, par exemple, dans une ferme ou dans une maison de campagne, ou dans un appartement séparé de ses magasins ou de ses ateliers, il n'y a aucune raison de modifier l'exercice du privilége. En tant que locataire d'immeubles de cette nature, le commerçant ne se distingue pas du non commerçant. Assûrement on pourrait soutenir que le privilége devrait être réduit même lorsque le bail est fait à un non commerçant qui vient à tomber en déconfiture. Mais s'il est vrai de dire que cette réduction est opportune et nécessaire quand il s'agit d'immeubles affectés à un usage industriel ou commercial, il est incontestable aussi qu'elle n'a pas la même raison d'être quand il s'agit d'immeubles dépourvus de ce double caractère ; qu'elle n'a jamais été réclamée dans ce cas ni par les jurisconsultes, ni par l'opinion publique. Toutefois votre commission a pensé qu'il n'y avait pas lieu de distinguer entre les ateliers ou les magasins et les locaux y attenant et consacrés à l'habitation personnelle du failli ou de sa famille. Ces locaux ne sont qu'un accessoire de l'immeuble où s'exploite le commerce ou l'industrie, et il n'y a pas lieu d'appliquer des règles différentes au privilége du propriétaire, selon qu'il s'exerce sur un point ou sur un autre du même immeuble.

Les règles que nous venons d'exposer sont-elles de nature à faire naître des difficultés sérieuses dans la liquidation des faillites? Votre commission ne l'a pas pensé. Il est à remarquer, en effet, que le privilége des propriétaires est un droit réel qui s'exerce sur le prix des meubles garnissant les lieux loués. Or, rien n'empêche que ce privilége soit réduit quand il s'applique au prix des marchandises qui garnissaient l'immeuble affecté à un usage industriel ou commercial, et qu'il s'exerce, au contraire, conformément aux prescriptions de l'article 2102, quand il s'applique au prix des récoltes qui étaient contenues dans la ferme ou du mobilier qui garnissait l'habitation personnelle.

En résumé, votre commission conclut qu'il n'y a pas lieu de modifier l'article 2102, 1°, du Code Civil; que la réduction du privilége doit être limitée aux baux des immeubles affectés à un usage industriel et commercial, en y comprenant les locaux dépendant de ces immeubles qui servent à l'habitation du failli ou de sa famille, et que cette réduction ne saurait s'étendre aux baux des immeubles loués au commerçant failli, dont la destination n'est ni industrielle, ni commerciale, lesquels restent soumis au droit commun de l'article 2102, 1°, du Code Civil.

Deuxième Question. — *La faillite doit-elle avoir pour effet de résilier le bail?*

Pour répondre à cette question, il est nécessaire de rappeler qu'il y a deux sortes de résiliation des contrats : la résiliation de plein droit, et la résiliation judiciaire, qui peut être accordée ou refusée, selon les circonstances.

Le seul fait de la faillite entraîne-t-il la résiliation de plein droit? — Non, assurément; cette clause de résiliation n'est inscrite nulle part et rien n'autorise à la suppléer dans les faillites où les créanciers ont déjà tant à souffrir par d'autres côtés.

La faillite autorise-t-elle du moins le juge à prononcer la résiliation? Ce point a été vivement controversé. La raison de douter vient de ce que la faillite du locataire, en faisant disparaître sa solvabilité, diminue les sûretés morales sur lesquelles le bailleur avait le droit de compter. Néanmoins votre commission a été d'avis que le contrat de louage n'est pas précisément fait en vue des garanties personnelles que peut présenter le preneur, mais bien plutôt en vue des sûretés réelles qui consistent dans les meubles garnissant les lieux loués, meubles qui, aux termes du Code Civil, doivent toujours être suffisants pour répondre du prix des loyers.

D'ailleurs, si la faillite était par elle-même une cause de résiliation, il devrait en être de même de la déconfiture, ce qui n'a jamais été soutenu par personne.

La conséquence à tirer de ces principes, est que la résiliation devra être écartée par les tribunaux toutes les fois que le bailleur se bornera à invoquer le fait de la faillite. Mais si le locataire, outre qu'il est tombé en faillite, n'a pas exécuté le contrat, si, par exemple, il n'a pas payé ses loyers échus, ou s'il a dégarni les lieux des meubles qui servaient de garantie au propriétaire, il est certain que la résiliation devra être prononcée, parce qu'aux termes de l'article 1184, tout contrat bilatéral est susceptible de résolution quand l'une des parties n'exécute pas ses engagements.

La question de résiliation se résout donc en une question de fait.

Le preneur tombé en faillite a-t-il pleinement et entièrement exécuté le contrat? Le bail devra être maintenu nonobstant la faillite.

Au contraire, le preneur a-t-il manqué à tout ou partie de ses engagements? Alors la résiliation devra être prononcée au profit du bailleur.

Dans la situation nouvelle que crée l'état de faillite, la question de savoir si le bail, exécuté dans le passé, pourra recevoir son exécution dans l'avenir, se pose fatalement. Convient-il qu'elle soit résolue? Quand et comment pourra-t-elle l'être? C'est ce que nous allons maintenant examiner.

TROISIÈME QUESTION. — *Un délai doit-il être imparti, soit au bailleur pour faire connaître s'il veut demander la résiliation, soit aux créanciers pour faire connaître s'ils entendent s'opposer à cette demande et exécuter le contrat?*

Cette question a été vivement agitée au sein de la commission. Les uns ont été d'avis qu'il n'y avait aucun délai à fixer; que le bailleur et les créanciers du failli choisiraient leur moment selon leur intérêt respectif et les circonstances diverses de la faillite, pour déclarer, le bailleur, s'il a motif suffisant pour demander la résiliation du contrat, et s'il veut introduire cette demande; les créanciers du failli, s'ils sont en mesure de satisfaire à toutes les obligations du locataire et dans l'intention de poursuivre l'exécution du contrat.

La majorité de la commission a été d'un avis opposé. Elle a pensé que l'intérêt bien entendu du failli et de la masse des créanciers exigeait que la situation respective du bailleur et du preneur fût, autant que possible, fixée avant le vote du concordat.

Comment, en effet, le failli peut-il faire des propositions fermes à ses créanciers, et comment, de leur côté, les créanciers peuvent-ils apprécier d'une façon exacte les propositions qui leur seraient soumises, si on ne peut pas savoir quel sera le sort du bail, et quels dommages-intérêts le bailleur pourra réclamer en cas de résiliation.

Quand le propriétaire a motif suffisant pour obtenir la résiliation, et que les créanciers ne sont pas en mesure de paralyser sa demande, le vote du concordat ne peut être qu'illusoire. Expulsé des lieux qu'il occupe, le failli sera sans instrument de travail et réduit à l'impuissance absolue de satisfaire aux engagements qu'il a contractés. Que si, au contraire, le bailleur déclare ne pas vouloir invoquer les causes actuelles de résiliation qui existent à son profit, et si, de leur côté les syndics sont ou peuvent se mettre en mesure de remplir toutes les obligations résultant du bail, il est évident que le concordat deviendra plus facile et que les parties le feront en parfaite connaissance de cause.

En un mot, le maintien du bail aura souvent pour conséquence le concordat, et sa résiliation probable entraînera presque toujours l'état d'union. Il est donc fort utile que les parties s'expliquent avant le concordat, et que les créanciers, comme le failli, sachent à quoi s'en tenir sur les causes de résiliation qui peuvent déjà exister, et sur le chiffre de dommages-intérêts que le bailleur entend réclamer.

Mais est-ce au bailleur ou aux créanciers à faire la première déclaration?

Il nous paraît incontestable que l'initiative doive être prise par les créanciers. Quelle est, en effet, la situation? Nous avons dit que le seul fait de la faillite n'entraîne pas la résiliation du bail. Si nous supposons, en outre, que rien n'est dû sur les termes échus et que le preneur a satisfait à tous ses engagements, le bailleur n'a rien à demander ni rien à dire. Comment pourrait-il élever une prétention quelconque, quand le bail suit son cours régulier, que les lieux loués restent garnis de meubles suffisants et que les loyers sont exactement payés aux échéances? Peut-être même le bailleur auquel aucune circonstance n'a donné l'éveil sur le mauvais état des affaires de son locataire, ignore-t-il la déclaration de faillite? Ce n'est donc pas à lui de prendre l'initiative et de déclarer qu'il veut demander une résiliation que rien, par hypothèse, n'autorise.

La situation, envisagée du côté de la faillite, est, au contraire, bien différente. Le locataire était *in bonis* quand il a fait le bail; aujourd'hui il est dessaisi de l'administration de ses biens et remplacé par des syndics. Ce changement radical est de nature à faire craindre que le bail ne puisse pas être exécuté dans l'avenir par le fait du preneur; bien plus, il rend imminente la réalisation des marchandises et objets mobiliers de toute nature qui servent de gages au propriétaire. Cette innovation profonde à l'état de choses antérieur à la faillite étant le fait du preneur, c'est évidemment aux syndics qui le représentent en même temps que la masse des créanciers, à faire connaître au bailleur s'ils sont dans l'intention de continuer le bail, et, dans ce cas, à lui offrir les sûretés suffisantes pour répondre de son exécution.

D'un autre côté, comme il peut dès à présent exister au profit du propriétaire des causes de résiliation, et il faut reconnaître que ce sera le plus fréquent, le propriétaire devra répondre à la notification des syndics dans un délai déterminé, et déclarer s'il veut s'en prévaloir. Faute par lui d'avoir demandé la résiliation dans ce délai, il sera réputé y avoir renoncé.

Dans le cas où les syndics ne notifieraient point dans le délai fixé, leur intention et leurs offres, on resterait dans le droit commun, et le propriétaire pourrait toujours invoquer toutes les causes de résiliation ouvertes à son profit.

Il s'agit maintenant de préciser les délais pendant lesquels les syndics et le propriétaire devront se faire leurs notifications respectives.

D'une part, le sort du bail doit être fixé avant le concordat.

De l'autre, les syndics ne peuvent faire leur notification qu'après avoir pris une connaissance exacte de l'actif et du passif de la faillite, et particulièrement des chances de succès que peut présenter la continuation de l'exploitation industrielle ou commerciale, soit par le failli lui-même après concordat, soit par le cessionnaire du failli, et enfin des ressources que possède la la faillite pour assurer, dans l'avenir, comme dans le présent et le passé, l'exécution pleine et entière du contrat.

Votre commission a pensé qu'il convenait de permettre aux syndics de faire leur notification jusqu'à l'expiration des huit jours qui suivront le délai accordé par l'article 492 du Code de Commerce aux créanciers domiciliés en France, pour la vérification de leurs créances.

La fixation de ce délai serait sans utilité si le bailleur pouvait, pendant sa durée, soit procéder à des voies d'exécution, soit faire résilier le contrat. La question serait en quelque sorte résolue avant d'avoir été posée. Aussi la commission vous propose-t-elle de suspendre, pendant le délai dont il s'agit, toutes voies d'exécution sur les effets mobiliers du failli et toutes actions en résiliation du bail, sans préjudice, d'ailleurs, de toutes les mesures conservatoires que le propriétaire croirait devoir prendre dans son intérêt.

Dans quel délai le propriétaire devra-t-il répondre à la notification des syndics? Nous vous proposons de décider qu'il devra prendre son parti dans les quinze jours qui suivront la notification des syndics, et que, faute par lui d'avoir, dans ce délai, demandé la résiliation du bail, il devra être réputé avoir renoncé à se prévaloir des griefs actuels, sur lesquels il aurait pu fonder sa demande. Le délai de quinze jours a paru nécessaire et suffisant pour que le propriétaire puisse se rendre un compte exact de la situation et de la valeur des offres qui lui sont faites par les syndics.

QUATRIÈME QUESTION. — *La faillite doit-elle rendre exigibles tous les loyers à échoir.*

Cette question est de toutes la plus grave et la plus controversée. Pour la résoudre conformément aux vrais principes, il est nécessaire d'examiner tout d'abord quelle est la nature de la créance du bailleur, et dans quelle mesure cette créance tombe sous l'application des règles ordinaires de la faillite.

Une première opinion, développée par M. Thiercelin, consiste à soutenir que la créance du bailleur prend naissance, non par le seul fait du contrat, mais par le fait de la jouissance qui est fournie au preneur. « L'obligation du locataire, dit-il, n'est ni conditionnelle ni à terme, ni pure et simple, en ce sens qu'elle pourrait se résumer en un fait unique, en un paiement immédiat et complet. A moins d'une convention qui modifierait la situation naturelle des parties, elle sera comme celle du bailleur, immédiate quant au point de départ, mais durable, continue, successive, et aucun des principes qui régissent l'obligation conditionnelle et l'obligation à terme ne pourra lui être appliquée. » En un mot, il y a dans le louage obligation successive de la part du bailleur de faire jouir le preneur, et obligation successive, de la part du preneur, de payer ses loyers au bailleur. La dette des loyers a pour cause la jouissance des lieux loués, et si cette jouissance n'a pas existé, la dette des loyers n'a pas pu prendre naissance. Dans cette opinion, il ne saurait être question de déclarer exigibles les loyers à échoir en vertu de l'article 444 du Code de Commerce. La dette des loyers à échoir n'est qu'éventuelle actuellement, elle est dépourvue de toute existence.

Malgré ce que les raisons invoquées à l'appui de cette théorie ont de séduisant, votre commission n'a pas jugé à propos de l'adopter. Le principal motif qui l'a déterminée, c'est qu'en bonne logique, elle est exclusive de toute collocation privilégiée pour l'avenir, et qu'elle se trouve ainsi en contradiction avec toutes les traditions de notre droit français, ainsi qu'avec les dispositions de l'article 2102, 1°, du Code Civil, auxquelles nous ne voulons porter aucune atteinte pour les baux ordinaires. Et, en effet, du moment que la dette du loyer est corrélative à la jouissance et a pour cause cette jouissance, il est clair que non-seulement le bailleur ne peut pas prétendre à l'exigibilité de sa créance par le fait de la faillite, mais encore qu'il ne peut demander à être colloqué pour l'avenir, ni comme créancier privilégié, ni même comme créancier chirographaire. On lui répondra toujours avec raison : la jouissance procurée par vous au preneur n'a existé que dans le passé, et votre créance ne peut avoir pris naissance pour l'avenir. Le seul droit que vous ayez est celui de réclamer le paiement de vos loyers pour les termes échus et pour le terme courant, jusqu'au jour de votre collocation. Vous n'avez rien à prétendre pour l'avenir, puisque, pour l'avenir vous n'avez fourni aucune jouissance à votre locataire.

Une seconde opinion qui conduit, comme la précédente, à la non exigibilité des loyers à échoir en cas de faillite du preneur, soutient que la dette du locataire est subordonnée à une condition suspensive, celle de la prestation de la jouissance par le locateur. Cette dette serait, non une dette successive, comme dans le système précédent, ni même une dette à terme, mais une véritable dette conditionnelle, qui échapperait par ce motif à l'application de l'article 444 du Code de Commerce.

Cette opinion a été défendue par des auteurs considérables On peut citer MM. Pont, Demangeat, Bertin, Mourlon. Leur argumentation repose sur cette raison principale que la jouissance étant chose future et incertaine, l'obligation du preneur, qui pour cause cette jouissance, est elle-même future et incertaine, c'est à-dire conditionnelle.

On répond justement, selon nous, à cette théorie que, par le seul fait du contrat, les obligations respectives du bailleur et du preneur ont pris naissance pour le tout, et que si, par la nature même des choses, leur exécution se trouve divisée et répartie sur différentes périodes, il n'en est pas moins vrai que l'obligation du preneur existe dès l'origine pour l'intégralité de son loyer, et ne cessera que si l'intégralité de la jouissance ne peut pas lui être fournie par le bailleur. Autrement dit, la condition qui est implicitement contenue dans le contrat, est une condition résolutoire qui mettra fin aux obligations du locataire à partir du moment où le bailleur ne lui fournira plus la jouissance, soit par la perte de la chose louée, soit par toute autre cause, et non une condition suspensive qui empêcherait les obligations du preneur de prendre naissance tant que la jouissance ne lui aurait pas été procurée par le bailleur.

La preuve que cette théorie est exacte est que, dans les cas où les termes de loyer sont payables d'avance, nul ne songe à dire que le paiement en soit fait indûment, ce qui aurait lieu si la dette n'avait d'existence que dans le passé.

La vérité, telle qu'elle a apparu à votre commission, est donc que la dette du preneur est une dette à terme, qu'elle existe tout entière dès le jour du contrat, et que la succession des paiements ne saurait lui imprimer le caractère d'obligation sous condition suspensive.

Seulement, il arrive ici ce qui est de règle dans tous les contrats synallagmatiques. Une condition résolutoire est toujours sous-entendue pour le cas où l'une des parties ne satisferait point à ses engagements (Art. 1184 du Code Civil). Dès-lors, si la jouissance des lieux vient à cesser, la dette du preneur cessera également ; mais ce ne sera pas une dette qui aura manqué de prendre naissance par la défaillance d'une condition suspensive ; ce sera une dette actuelle qui prendra fin par l'accomplissement d'une condition résolutoire. Les mots mêmes de résolution, de résiliation indiquent que c'est là la vérité juridique; car lorsqu'une condition suspensive vient à manquer, on ne dit pas pas que le contrat est résolu ou résilié ; on se contente de dire qu'il n'a jamais existé.

La commission s'est rattachée à cette troisième opinion que nous venons d'exposer, et qui a été développée avec une grande autorité par notre honorable collègue M. Albert Desjardins, par MM. de Saint Chereau, Labbé, Mereau, avocat général, Sevin, Aubry et Rau.

C'est enfin la doctrine de l'article 2102, 1°, qui accorde privilége pour tous les loyers à échoir, et celle d'un très-grand nombre d'arrêts de la Cour de Cassation et de Cours d'Appel.

Il nous reste à examiner si le caractère de dette à terme, que nous venons de reconnaître à la dette des loyers à échoir, la rend nécessairement exigible par le seul fait de la faillite, en vertu de l'article 444 du Code de Commerce.

Le principe de l'exigibilité posé par cet article est général et il paraît bien s'appliquer aux créances privilégiées ou hypothécaires, tout comme aux créances chirographaires.

Néanmoins, l'exigibilité ne doit s'entendre pour les créances privilégiées ou hypothécaires que du droit de prendre part à la distribution des deniers, alors qu'elle se fait à la suite de la liquidation opérée au nom de la masse ; mais elle ne va pas jusqu'à autoriser les créanciers privilégiés ou hypothécaires dont la créance n'est pas échue, à poursuivre en leur nom la vente publique des meubles ou des immeubles qui leur servent de garantie.

Ainsi, il est incontestable qu'un créancier à terme, dont les droits sont garantis par un privilége ou une hypothèque, ne peut pas, tant que sa créance n'est pas réalisée, se prévaloir de l'article 444 du Code de Commerce pour exercer les poursuites qui lui seraient permises si sa créance était réellement échue. En un mot, les créanciers privilégiés ou hypothécaires restent, en quelque sorte, en dehors de la faillite, parce que, n'ayant pas suivi la foi de leur débiteur, ils ont toujours le bénéfice des sûretés particulières en vue desquelles ils ont contracté. Ils peuvent bien prendre part à la distribution des deniers provenant de la vente des biens du failli, non affectés à la sûreté de leurs droits; mais ce n'est qu'en dépouillant leur qualité de créanciers privilégiés ou hypothécaires et à titre de simples créanciers chirographaires.

Appliquons ces principes à la créance du bailleur auquel, par hypothèse, il n'est rien dû pour le passé et qui n'a de loyers à réclamer que pour l'avenir.

De deux choses l'une : ou les marchandises et les autres effets mobiliers sur lesquels il a privilége garnissent toujours les lieux loués, ou bien ces marchandises et effets mobiliers ont été réalisés par une vente faite, soit à la diligence des syndics, soit sur les poursuites d'un autre créancier.

Dans le premier cas, la situation du bailleur n'est pas changée; ses sûretés sont les mêmes, et il ne peut pas plus arguer de la faillite pour demander le paiement de tous les loyers à échoir, qu'un créancier privilégié quelconque, dont la créance est à terme, ne peut en arguer pour faire saisir et vendre les biens grevés de son privilége. — Le droit commun ne permet donc pas, dans ce cas, de dire que la faillite rend exigibles tous les loyers à échoir.

Passons à la seconde hypothèse. Les meubles garnissant les lieux loués ont été vendus et les sûretés réelles du propriétaire ont disparu.

La créance des loyers devient alors exigible tout entière, non pas précisément en vertu de la faillite, mais à cause de la réalisation du gage qui la garantissait, et le bailleur a droit pour les loyers à échoir, à une collocation dont nous déterminerons tout-à-l'heure l'étendue et le caractère.

Ces principes, longtemps consacrés par la jurisprudence,

avaient été admis par la commission du Corps législatif chargée de l'examen du projet de loi présenté en 1867.

« Les loyers à échoir ne doivent, disait M. Bournat, son rapporteur, constituer une dette exigible en matière de faillite, que lorsque le gage qui en garantissait le paiement a disparu. » Mais le Conseil d'État n'accepta pas le projet amendé par la commission, et persista à subordonner la non exigibilité des loyers à deux conditions : 1° que les représentants de la faillite garniraient ou feraient garnir les lieux loués de meubles suffisants pour garantir le prix du loyer pendant une année; 2° qu'ils consigneraient une somme égale au prix du loyer pendant deux années, et aux indemnités qui pourraient être dues pour réparations et travaux stipulés au contrat.

Autant la première condition était naturelle et légitime, autant la seconde était excessive et onéreuse pour les faillites. L'accord ne put pas s'établir entre le Conseil d'État et la commission du Corps législatif, et la réforme projetée fut nécessairement ajournée.

Nous vous proposons, Messieurs, de donner votre haute sanction au système qui avait été adopté par la commission du Corps législatif; c'est le seul qui soit conforme aux vrais principes, et c'est le seul aussi qui, tout en sauvegardant les droits du propriétaire dans une juste limite, soit compatible avec une équitable liquidation des faillites.

Cinquième Question. — *Quelle doit être l'étendue de la collocation privilégiée ou chirographaire du bailleur, soit pour les loyers échus, soit pour les loyers à échoir?*

Quid des indemnités qui pourraient lui être dues par le locataire?

Pour répondre à cette double question, il faut envisager les différentes hypothèses qui peuvent se présenter.

Supposons d'abord la plus simple de toutes, celle où le bail est résilié.

Le bailleur a le droit alors de se faire colloquer par privilége pour les loyers échus, pour l'année courante, pour les indemnités qui lui seraient dues à raison, soit des abus de jouissance, soit des réparations locatives, soit du préjudice résultant de la résiliation elle-même et en général pour tout ce qui concerne l'exécution du bail. Mais il n'a pas le droit de réclamer les loyers à échoir, puisque, par la résiliation, toute dette de loyers a cessé à partir du jour où elle a été prononcée ou consentie.

Votre commission, Messieurs, vous propose, cependant, de modifier ces solutions qui sont celles du droit commun. La majorité de ses membres a pensé que, si la dette des loyers échus remontait à une époque trop éloignée, il y avait lieu de décider que les deux dernières années de bail échues avant la déclaration de faillite et l'année courante seraient seules privilégiées. L'article 2151 du Code Civil contient déjà une limitation analogue pour les intérêts ou arrérages d'un capital garanti par hypothèque. Deux motifs ont déterminé votre commission à étendre au bailleur les dispositions de l'article précité, l'un relatif au propriétaire, l'autre relatif à la masse des créanciers.

D'une part, le bailleur qui, par faiblesse ou par négligence, laisse s'accumuler indéfiniment les loyers impayés, rend un très-mauvais service à son locataire, dont la faillite sera d'autant plus désastreuse qu'elle aura existé plus longtemps à l'état latent.

D'autre part, les créanciers du locataire doivent penser que leur débiteur paie régulièrement ses loyers, et il ne faut pas qu'ils soient victimes d'un privilége trop étendu s'appliquant à une créance qu'ils supposeraient éteinte. La négligence du bailleur et l'intérêt des tiers, dont la bonne foi ne doit pas être surprise, justifient donc l'innovation qui vous est proposée.

Notons que les deux années échues dont nous parlons doivent être comptées en prenant pour point de départ la date du contrat. Ainsi le bail a commencé le 1er avril 1867, et la faillite a été déclarée le 1er juillet 1870. Les deux dernières années échues sont celles qui se placent entre le 1er avril 1868 et le 1er avril 1870, date où a commencé l'année courante.

Examinons, en second lieu, le cas où le bail n'est pas résilié.

Le bailleur, payé de tous ses loyers échus, n'a, ainsi que nous l'avons établi, rien à réclamer pour les loyers à échoir, tant que les meubles ne sont pas vendus. Mais si, n'étant pas payé de tous les loyers échus, il fait vendre le mobilier, ou si ce mobilier est vendu à la diligence des syndics ou sur les poursuites d'un autre créancier, quelle sera l'étendue de la collocation privilégiée du bailleur ?

Cette collocation devra également comprendre, comme dans l'hypothèse de la résiliation, les deux années de bail échues, l'année courante, les indemnités et en général tout ce qui concerne l'exécution du bail. Mais s'appliquera-t-elle, pour une quotité quelconque, aux loyers à échoir ?

Quelques membres de la commission ont exprimé l'avis qu'il n'y avait pas de solution intermédiaire possible, et que si l'on n'accordait pas au bailleur une collocation privilégiée pour tous les loyers à échoir, comme le fait la Cour de Cassation, il fallait la limiter exclusivement aux loyers échus et à ceux de l'année courante. Ils ont donné pour raison que, si la créance du bailleur est privilégiée par son essence, la logique ne permet pas de décider qu'une partie sera privilégiée et que le surplus deviendra purement chirographaire.

Ces considérations n'ont pas convaincu votre commission. Tout en reconnaissant que le privilége est l'accessoire naturel, sinon essentiel de la créance du bailleur, elle a pensé que ce privilége pouvait et devait subir une réduction lorsqu'il est en présence des productions d'une masse de créanciers. Il ne faut pas oublier, en effet, que les marchandises sur lesquelles va s'exercer le privilége ont été livrées au failli par ceux-là même que le bailleur prétend primer, et que le droit de la masse est ici un conflit direct avec celui du propriétaire. Quoi donc de plus naturel que de les limiter l'un par l'autre et d'imposer à tous des sacrifices réciproques ?

Mais quelle sera la limite de ces sacrifices ? Certains membres de la commission ont pensé que le privilége devait être réduit à une année à venir ; les autres voulaient aller jusqu'à deux années.

La commission a adopté, à la majorité d'une voix, le délai d'une année à partir de l'expiration de l'année courante, sans qu'il y ait à distinguer si le bail a ou n'a pas date certaine.

De la sorte, le privilége du bailleur peut s'étendre à quatre années, savoir : deux années échues, l'année courante et l'année à venir.

Mais ici s'élève une difficulté. Le mobilier peut être insuffisant pour couvrir la créance privilégiée du bailleur.

Dans tous les cas, le privilége étant réduit pour l'avenir à une seule année, cette créance sera dépourvue de toute garantie réelle pour les années ultérieures. Le bailleur aura-t-il le droit de produire à la faillite avec la masse des créanciers et de toucher des dividendes pour toute la partie de sa créance qui n'aura pas été colloquée utilement par privilége ?

La solution que nous avons donnée sur la nature de la créance du bailleur nous permet déjà de répondre par l'affirmative. Cette créance est à terme, et considérée, abstraction faite du privilége, elle devient comme toutes les autres créances, exigible par le fait de la faillite. Le bailleur aura donc le droit, il aura même intérêt à figurer dans la masse chirographaire et à toucher un dividende toutes les fois que son privilége sera insuffisant pour couvrir la partie de sa créance échue ou en cours, que la loi déclare privilégiée. Mais qu'arrivera-t-il si cette partie de sa créance est entièrement payée ? Le bailleur qui aura touché les loyers échus, ceux de l'année courante et de l'année à venir, ainsi que les indemnités qui peuvent lui être dues, aura-t-il encore droit à des dividendes pour les années ultérieures? Oui, selon la plupart des membres de la commission, car la créance existe, et elle est devenue exigible. Mais une divergence s'est élevée entre eux sur les conséquences de cette collocation.

D'après une première opinion, les dividendes afférents aux années ultérieures devraient être totalisés, et sur la masse ainsi formée, le bailleur continuerait à prélever, année par année, jusqu'à épuisement complet, l'intégralité de ses loyers. Une fois cette masse épuisée, le bailleur ferait résoudre le bail à défaut de paiement. Cette opinion n'a pas été admise, par la raison qu'elle arriverait à rétablir par voie indirecte, pour les années ultérieures, le privilége qu'il s'agit de réduire à une année à venir seulement.

Dans une seconde opinion, on a dit que, si le bailleur touchait des dividendes pour les années ultérieures, il devait subir la loi de tous les créanciers chirographaires parmi lesquels il consentait à prendre place. Or, quand il y a concordat, cette loi veut que tout créancier qui a touché son dividende soit intégralement payé. — Le bailleur devrait donc laisser jusqu'à la fin du bail la jouissance des lieux loués au failli qui lui aurait exactement payé les dividendes promis et se serait ainsi entièrement libéré en monnaie de faillite.

Les conséquences de cette seconde solution montrent qu'elle n'a rien de pratique, et qu'il n'y a pas à se préoccuper de ce point de vue purement abstrait. Il n'est pas un bailleur qui ne préfère résilier le contrat à partir de l'expiration de l'année courante, plutôt que de recevoir en monnaie de faillite le paiement de tous les loyers ultérieurs.

En définitive, votre commission a pensé qu'elle devait se borner à vous proposer la réduction du privilége à une année à venir. A l'expiration de cette année, le bailleur demandera la résiliation, si le failli concordataire ou ses représentants ne sont pas en mesure de remplir tous leurs engagements, et dans le cas contraire, le bail continuera à recevoir son exécution. — On rentrera ainsi purement et simplement dans le droit commun.

Ce que nous venons de dire suffit pour montrer que les loyers de l'année à échoir sont payés au bailleur, non pas à titre d'indemnité et de forfait de résiliation, comme quelques membres de la commission l'ont proposé, mais à titre de loyers, puisque le bail existe jusqu'à la résiliation, et que celle-ci n'a pas été prononcée. D'ailleurs, il n'est pas douteux que, si la résiliation devait avoir lieu à une époque ultérieure quelconque, le bailleur pourrait avoir droit à une indemnité pour le préjudice qu'elle lui ferait éprouver, et que cette indemnité serait toujours garantie par un privilége.

Sixième Question. — *Dans quelles conditions devra s'exercer le droit de relocation des créanciers du failli.*

Le droit de relocation suppose en bonne logique et en équité que le contrat ne contient pas la prohibition de sous-louer et de céder le bail. — Si cette interdiction a été stipulée par le bailleur, on ne peut, sans violer une convention parfaitement légitime, dire que les créanciers du failli auront la faculté de sous-louer ou de céder le bail à un tiers. Dans ce cas, le bail devra nécessairement être résilié si le locataire ne peut pas personnellement continuer l'exécution du contrat. Néanmoins, si le bailleur a reçu pour un temps quelconque à venir le paiement de ses loyers, il est constant que les créanciers de la faillite auront le droit de relocation pendant tout ce temps, si court qu'il soit, car le bailleur ne peut avoir la jouissance et le loyer de sa chose. — En recevant par anticipation une partie de ses loyers, il a implicitement renoncé au bénéfice de l'interdiction pour toute la période correspondante aux loyers par lui perçus.

Dans l'hypothèse où le bail est muet sur le droit de relocation, ce droit existe en faveur du locataire, qui peut l'exercer, soit par voie de sous-location, soit par voie de cession. Les créanciers du failli ont le même droit que leur débiteur, et ils ne sont soumis dans l'exercice qu'ils peuvent en faire qu'aux conditions mêmes qui liaient le débiteur.

Ainsi, la relocation ne pourra avoir lieu que dans les termes du contrat originaire, et les créanciers n'auront pas la faculté de changer la destination des lieux loués, soit qu'ils les exploitent par eux-mêmes, soit qu'ils transmettent cette exploitation à un tiers sous-locataire ou cessionnaire.

Les créanciers, en un mot, seront tenus d'une manière générale, de remplir tous les engagements de leur débiteur sans exception, et notamment de faire les travaux qui avaient pu lui être imposés par le contrat.

Les créanciers qui voudront se substituer au failli seront-ils obligés, en outre, de payer dès à présent au bailleur tous les loyers à échoir, comme l'article 2102, 1°, semble le prescrire ; ou bien consigner une ou plusieurs années de loyers d'avance, comme le demandait le projet de loi de 1867?

Votre commission n'a pas pensé que l'on put leur imposer l'une ou l'autre de ces conditions. Assurément, le bailleur doit avoir pleine et entière sécurité ; il faut que les garanties réelles sur lesquelles il avait le droit de compter à l'époque du bail lui soient maintenues ; mais si le matériel, les marchandises et les effets mobiliers sur lesquels porte son privilége sont laissés dans les lieux loués, soit à la suite d'un concordat obtenu par le débiteur, soit à la suite d'une vente en bloc qui aurait été faite à un cessionnaire du fonds de commerce, ou si encore ces effets mobiliers ont été remplacés par d'autres de valeur égale ou supérieure, le bailleur conserve en définitive les sûretés réelles en vue desquelles il avait principalement contracté, et comme la loi (article 1752 du Code Civil) oblige le preneur à tenir les lieux loués constamment garnis de meubles suffisants pour répondre du paiement des loyers, il en résulte que le propriétaire pourra toujours maintenir les sûretés réelles, sauf à demander la résiliation, dans le cas où elles seraient diminuées.

La loi projetée devait-elle, enfin, prévoir et régler d'avance le conflit qui peut s'élever entre le bailleur et les créanciers de la faillite sur le point de savoir si les garanties sont ou non suffisantes? Un tel règlement n'a point paru possible à votre commission. Les situations peuvent varier à l'infini. Tel locataire aurait fait, sans y être obligé, des travaux qui ont donné lieu à une plus-value à l'immeuble. La valeur de ces travaux est déjà un commencement de garantie pour le bailleur. Tel autre locataire a une industrie qui fait subir à l'immeuble des dégradations rapides. Alors des garanties plus importantes devront être fournies au propriétaire. C'est au juge et non au législateur à régler toutes ces situations. — Ajoutons que, dans ce règlement, le juge devra tenir compte de la faillite du locataire qui a fait disparaître sa garantie personnelle, et, par conséquent, se montrer d'autant plus ferme, d'autant plus rigoureux dans la détermination des garanties réelles qui doivent donner pleine et entière sécurité au propriétaire.

Les contestations de cette nature étant civiles, devront, évidemment, être portées devant les tribunaux ordinaires.

AMENDEMENTS.

Un seul amendement a été présenté. Il émane de notre honorable collègue M. Riondel.

L'amendement de M. Riondel a reçu satisfaction dans les plus importantes de ses dispositions. La commission n'a pas admis son système de consignation de loyers d'avance, au cas où le bail devait continuer. Nous n'avons pas à revenir sur les motifs qui l'ont déterminée à laisser aux tribunaux le soin de régler l'importance des sûretés réelles qui sont dues au bailleur.

Il nous reste à placer sous les yeux de l'Assemblée le texte du projet tel qu'il a été arrêté par la commission.

PROJET DE LA COMMISSION.

Article 450 du Code de Commerce.

Art. 450 (ancien). — « Toutes voies d'exécution pour parvenir au paiement des loyers sur les effets mobiliers servant à l'exploitation du commerce du failli seront suspendues pendant trente jours, à partir du jugement déclaratif de la faillite, sans préjudice de toutes mesures conservatoires, et du droit qui serait acquis au propriétaire de reprendre possession des lieux loués. — Dans ce cas, la suspension des voies d'exécution établie au présent article cessera de plein droit. »

Art. 450 (nouveau). — « Les syndics auront, pour les baux des immeubles affectés à l'industrie ou au commerce du failli, huit jours, à partir du délai accordé par l'article 492 aux créanciers domiciliés en France, à l'effet de faire vérifier leurs créances, pendant lesquels ils pourront notifier au propriétaire leur intention de continuer le bail, et lui offrir des sûretés suffisantes pour son entière exécution.

» Jusqu'à l'expiration de ces huit jours, toutes voies d'exécution sur les effets mobiliers du failli et toutes actions en résiliation du bail seront suspendues, sans préjudice de toutes mesures conservatoires et du droit qui serait acquis au propriétaire de reprendre possession des lieux loués. – Dans ce cas, la suspension des voies d'exécution établie au présent article cessera de plein droit.

« Le bailleur devra, dans les quinze jours qui suivront la notification qui lui serait faite par les syndics, former sa demande en résiliation.— Faute par lui de l'avoir formée dans ledit délai, il sera réputé avoir renoncé à se prévaloir des causes de résiliation déjà existantes à son profit. »

Article 550 du Code de Commerce.

Art. 550 (ancien).— « Le privilége et le droit de revendication établis par le n° 4 de l'article 2102 du Code Civil, au profit du vendeur d'effets mobiliers, ne seront point admis en cas de faillite. »

Art. 550 (nouveau). — En cas de faillite, l'article 2102, 1°, du Code Civil, est ainsi modifié :

« Si le bail est résilié, le bailleur aura privilége pour les deux dernières années de location échues avant le jugement déclaratif de faillite, pour l'année courante et pour les dommages-intérêts qui lui seraient alloués par les tribunaux.

» Au cas de non résiliation, le bailleur, une fois payé de tous les loyers échus, ne pourra exiger le paiement des loyers en cours ou à échoir, si les sûretés qui lui ont été conservées ou données sont jugées suffisantes.

» Lorsqu'il y aura vente et enlèvement des meubles garnissant les lieux loués, le bailleur pourra exercer son privilége comme au cas de résiliation ci-dessus, et en outre pour une année à échoir, à partir de l'expiration de l'année courante, que le bail ait ou non date certaine.

» Les créanciers pourront faire leur profit de la location pour tout le temps restant à courir, à la charge par eux de maintenir dans l'immeuble un gage suffisant, et d'exécuter, au fur et à mesure des échéances, toutes les obligations résultant du droit ou de la convention, mais sans que la destination des lieux loués puisse être changée.

» Dans le cas où le bail contiendrait interdiction de céder le bail ou de sous-louer, les créanciers ne pourront faire leur profit de la location que pour le temps à raison duquel le bailleur aurait touché ses loyers par anticipation.

» Le privilége et le droit de revendication établis par le n° 4 de l'article 2102 du Code Civil, au profit du vendeur d'effets mobiliers, ne peuvent être exercés contre la faillite. »

II.

RAPPORT SUPPLÉMENTAIRE, déposé à la séance de l'Assemblée nationale du 3 janvier 1872, au nom de la commission chargée d'examiner la proposition de loi de M. CORBET-POULARD, *tendant à déterminer la réduction du privilége des propriétaires d'immeubles affectés à une destination industrielle ou commerciale, lorsque l'industriel ou le commerçant qui les occupe tombe en faillite, par M.* DELSOL, *membre de l'Assemblée nationale.*

Messieurs, depuis le dépôt du rapport de votre commission, et dans la séance du 5 décembre 1871, deux amendements ou plutôt deux contre-projets ont été présentés par deux de nos honorables collègues. L'un émane de M. Louvet, ancien président, l'autre de M. Drouin, président actuel du Tribunal de commerce de la Seine.

Votre commission, Messieurs, a examiné ces deux contre-projets avec tout le soin que méritent l'autorité personnelle de leurs auteurs, et la haute valeur des raisons qu'ils ont fait valoir pour les soutenir.

Nous allons les parcourir successivement et faire connaître sur chacun d'eux l'avis de la commission.

1° AMENDEMENT DE M. LOUVET.

M. Louvet propose d'abord de modifier l'article 444 du Code de Commerce et de déclarer que désormais l'exigibilité résultant de la faillite ne s'appliquera pas aux loyers à échoir. Il reconnaît, d'ailleurs, que s'il y a vente ou enlèvement des meubles garnissant les lieux loués, les loyers à échoir deviennent immédiatement exigibles, comme toutes les autres dettes du failli.

Cette première partie de l'amendement de M. Louvet reçoit pleine satisfaction dans le projet qui vous est soumis au nom de la commission. Le nouvel article 550 porte formellement qu'en cas de faillite, « le bailleur, une fois payé de tous les loyers échus, ne pourra exiger le paiement des loyers en cours ou à échoir, si les sûretés qui lui ont été données lors du contrat sont maintenues, ou si celles qui lui ont été fournies depuis la faillite sont jugées suffisantes. »

M. Louvet supprime ensuite le nouvel article 450 du projet de la commission, aux termes duquel les syndics ont un délai pour notifier au propriétaire leur intention de continuer le bail, et le propriétaire un autre délai pour faire valoir les causes de résiliation déjà existantes à son profit.

Votre commission a été d'avis qu'il y avait lieu de maintenir cette disposition, car toute mesure tendant à fixer le sort du bail avant le vote du concordat ne peut qu'être utile au failli et à la masse des créanciers, qui seront ainsi mieux éclairés sur ce qu'ils auront à faire.

M. Louvet propose, en troisième lieu, de réduire le privilége du bailleur à la dernière année de location échue avant le jugement déclaratif de faillite et au terme courant au jour de la vente et de le supprimer totalement pour les loyers à échoir, même quand le bail a date certaine.

Après nouvelle délibération, votre commission a persisté, par les motifs développés au rapport, dans sa première décision qui maintient le privilége pour les deux années échues, l'année courante et une année à échoir. Elle a pensé que, dans l'intérêt même des commerçants, il ne fallait pas trop restreindre les garanties établies au profit des propriétaires, dont les exigences croîtraient en raison même des risques auxquels les exposerait la faillite de leur locataire.

Enfin, dans une dernière disposition, M. Louvet propose de dire que : « Les faillites déclarées antérieurement à la promulgation de la présente loi, continueront à être régies par les anciennes dispositions du Code de Commerce. »

Votre commission n'avait pas cru d'abord devoir formuler cette non rétroactivité qui résulte des principes généraux de notre législation. Mais des doutes pouvaient s'élever sur le point de savoir si les baux ayant acquis date certaine avant la promulgation de la loi nouvelle, seraient régis par elle ou s'ils seraient soumis à la loi ancienne.

La commission a pensé que les effets d'un contrat doivent être régis par la loi en vigueur au moment de sa formation, et que le privilége du bailleur lui étant acquis dès l'origine, ce privilége ne doit pas subir la réduction édictée par la loi nouvelle. Elle est donc d'avis que la présente loi ne doit pas s'appliquer aux baux antérieurs à sa promulgation.

Néanmoins, elle a pensé que, tout en maintenant dans son intégralité le privilége résultant des baux antérieurs, elle pouvait, sans déroger aux principes admis en matière de non rétroactivité, déclarer que le bailleur ne pourra pas exiger le paiement par anticipation des loyers à échoir, s'il lui est donné des garanties suffisantes pour assurer le paiement.

Cette disposition transitoire ne fait au fond qu'interpréter l'article 444 du Code de Commerce.

La jurisprudence décidait que les loyers à échoir devenaient exigibles par le seul fait de la faillite, même quand le bailleur avait des sûretés suffisantes. En consacrant la solution contraire vous permettrez, Messieurs, aux faillites qui s'ouvriront après la promulgation de la loi qui vous est soumise, d'échapper aux conséquences désastreuses de cette jurisprudence, puisque, en ce qui concerne les loyers à échoir, le privilége ne s'exercera plus, même pour les baux antérieurs, que dans le cas où il y aura vente ou enlèvement de marchandises garnissant les lieux loués. Seulement, alors, le privilége s'exercera pour tous les loyers à échoir, tandis qu'il ne s'exercera que pour ceux d'une année à venir, si le bail n'a acquis date certaine que depuis la promulgation de la loi nouvelle.

2° AMENDEMENT DE M. DROUIN.

M. Drouin propose de substituer dans le nouvel article 450, un délai fixe de soixante jours, au délai élastique indiqué au projet de la commission.

La commission a pensé que ces soixante jours seront, dans certains cas, insuffisants pour la vérification des créances, et qu'il n'y a lieu de faire courir le délai pendant lequel les syndics pourront faire leur notification au propriétaire, qu'à partir du moment où les délais de vérification des créances seront eux-mêmes expirés.

M. Drouin demande, en second lieu, qu'en cas de résiliation du bail, il soit tenu compte au failli des loyers payés d'avance. Votre commission partage entièrement cet avis. Si elle ne l'a pas formulé, c'est qu'elle ne croit pas que l'imputation dont il s'agit puisse soulever la moindre objection.

Il est évident que le bailleur ne peut retenir les loyers afférents à une période pour laquelle il ne fournira pas la jouissance des lieux.

Les loyers payés d'avance devront donc être déduits des sommes dont le failli sera définitivement tenu envers le bailleur.

M. Drouin demande encore la réduction du privilége à une année pour les loyers échus, et sa suppression totale pour les loyers à échoir.

Sur ces deux points, l'amendement de notre honorable collègue se rencontre avec celui de M. Louvet. Nous ne pouvons que renvoyer aux observations précédentes.

M. Drouin propose également un article additionnel sur la non rétroactivité de la loi nouvelle.

Nous avons montré que, sur ce point, il a reçu toute la satisfaction que les principes généraux permettaient de lui donner.

Même satisfaction lui a été accordée pour diverses modifications réclamées dans la rédaction des nouveaux articles.

NOUVELLE RÉDACTION DU PROJET DE LA COMMISSION.

Art. 1er. Les articles 450 et 550 du Code de Commerce sont modifiés et remplacés par les dispositions suivantes :

Article 450 *du Code de Commerce.*

Art. 450 (ancien). — « Toutes voies d'exécution pour parvenir au paiement des loyers sur les effets mobiliers servant à l'exploitation du commerce du failli seront suspendues pendant trente jours à partir du jugement déclaratif de faillite, sans préjudice de toutes mesures conservatoires, et du droit qui serait acquis au propriétaire de reprendre possession des lieux loués. — Dans ce cas, la suspension des voies d'exécution établie au présent article cessera de plein droit. »

Art. 550 (ancien). — « Le privilége et le droit de revendication établis par le n° 4 de l'article 2102 du Code Civil au profit du vendeur d'effets mobiliers, ne seront point admis en cas de faillite. »

Art. 450 (nouveau). — « Les syndics auront pour les baux des immeubles affectés à l'industrie ou au commerce du failli, huit jours à partir du délai accordé par l'article 492 du Code de Commerce, aux créanciers domiciliés en France, pour la vérification de leurs créances pendant lesquels ils pourront notifier au propriétaire leur intention de continuer le bail, à la charge de satisfaire à toutes les obligations du locataire.

» Cette notification ne pourra avoir lieu qu'avec l'autorisation du juge-commissaire et le failli entendu.

» Jusqu'à l'expiration de ces huit jours, toutes voies d'exécution sur les effets mobiliers du failli, et toutes actions en résiliation du bail seront suspendues, sans préjudice de toutes mesures conservatoires et du droit qui serait acquis au propriétaire de reprendre possession des lieux loués. Dans ce cas, la suspension des voies d'exécution établie au présent article cessera de plein droit.

» Le bailleur devra, dans les quinze jours qui suivront la notification qui lui sera faite par les syndics, former sa demande en résiliation. Faute par lui de l'avoir formée dans ledit délai, il sera réputé avoir renoncé à se prévaloir des causes de résiliation déjà existantes à son profit. »

Art. 550 (nouveau). — « L'article 2102 du Code Civil est ainsi modifié quant à la faillite :

» Si le bail est résilié, le propriétaire d'immeubles affectés à l'industrie ou au commerce du failli, aura privilége pour les deux dernières années de location échues avant le jugement déclaratif de faillite, pour l'année courante et pour les dommages-intérêts qui pourront lui être alloués par les tribunaux.

» Au cas de non résiliation, le bailleur, une fois payé de tous les loyers échus, ne pourra pas exiger le paiement des loyers en cours ou à échoir, si les sûretés qui lui ont été données lors du contrat sont maintenues, ou si celles qui lui ont été fournies depuis la faillite sont jugées suffisantes.

» Lorsqu'il y aura vente ou enlèvement des meubles garnissant les lieux loués, le bailleur pourra exercer son privilége comme au cas de résiliation ci-dessus, et, en outre, pour une année à échoir à partir de l'expiration de l'année courante, que le bail ait ou non date certaine.

» Les syndics pourront continuer ou céder le bail pour tout le temps restant à courir, à la charge par eux ou leurs cessionnaires de maintenir dans l'immeuble gage suffisant, et d'exécuter, au fur et à mesure des échéances, toutes les obligations résultant du droit ou de la convention ; mais sans que la destination des lieux loués puisse être changée.

» Dans le cas où le bail contiendrait interdiction de céder le bail ou de sous-louer, les créanciers ne pourront faire leur profit de la location que pour le temps à raison duquel le bailleur aurait touché ses loyers par anticipation.

» Le privilége et le droit de revendication établis par le n° 4 de l'article 2102 du Code Civil, au profit du vendeur d'effets mobiliers, ne peuvent être exercés en cas de faillite.

» Art. 2. — La présente loi ne s'appliquera pas aux baux qui, avant sa promulgation, auront reçu date certaine.

» Toutefois le propriétaire qui, en vertu desdits baux, a privilége pour tout ce qui est échu et pour tout ce qui est à échoir, ne pourra exiger par anticipation les loyers à échoir, s'il lui est donné des sûretés suffisantes pour en garantir le paiement. »

FIN.

TABLE DES MATIÈRES

I.

COMMENTAIRE DE LA LOI DU 19 FÉVRIER 1872

II.

ANNEXES

FIN DE LA TABLE DES MATIÈRES

5868 — Imprimerie nantaise Étiembre et Plédran, quai Cassard, 5.

Chez les mêmes Éditeurs :

CODE DE COMMERCE (Commentaire théorique et pratique du), et de la LÉGISLATION COMMERCIALE; par M. ISIDORE ALAUZET, Juge au Tribunal civil de la Seine. 2e édition revue et augmentée, 6 tomes en 7 vol. in-8. 1871. 54 fr.

FAILLITES ET BANQUEROUTES (Commentaire des), et de la JURIDICTION COMMERCIALE, donnant le dernier état de la législation, de la jurisprudence et de la doctrine; par M. I. ALAUZET. 2e édition revue et augmentée, 2 vol. in-8. 1872. 12 fr.

TRIBUNAUX DE COMMERCE (De la compétence et de la procédure des), Traité de la juridiction commerciale, etc.; par M. ORILLARD, bâtonnier de l'ordre des Avocats à la Cour d'appel de Poitiers. Nouvelle édition augmentée d'un Supplément. 1 gros vol. in-8. 1855. 8 fr.

SOCIÉTÉS (Commentaire de la loi sur les) des 24-29 juillet 1867, d'après les documents officiels et les discussions parlementaires; par MM. A. MATHIEU, Avocat à la Cour d'appel de Paris, ancien Député au Corps législatif, rapporteur de la loi, et A. BOURGUIGNAT, Président du Tribunal civil de Clermont. 1 vol. in-8. 1868. 8 fr. 50

SOCIÉTÉS PAR ACTIONS (Traité théorique et pratique des) AVEC FORMULES, contenant un COMMENTAIRE DE LA LOI DU 24 JUILLET 1867; par M. VAVASSEUR, Avocat à la Cour d'appel de Paris. 1 vol. in-8. 1868. 7 fr. 50

FORMULAIRE DES SOCIÉTÉS CIVILES ET COMMERCIALES (Traité théorique et pratique et); par M. VAVASSEUR, Avocat à la Cour d'appel de Paris. in-8. 1869. 7 fr. 50

CHÈQUES (Commentaire théorique et pratique de la loi du 23 mai-14 juin 1865, concernant les); par L. NOUGUIER, Avocat à la Cour d'appel de Paris, avec la collaboration de M. PAUL ESPINAS, Avocat. 1865. 1 vol. in-8. 3 fr. 50

FAILLITES ET BANQUEROUTES. Formulaire général et résumé pratique de législation, de jurisprudence et de doctrine pour rendre pratiques pour tous la procédure et l'exercice de tous les droits en matière de faillites, contenant : les Modèles des requêtes, ordonnances, jugements, rapports, bilans, inventaires, etc.; par M. LAROQUE-SAYSSINEL, Avocat. 2e édition conforme à la 1re. 2 vol. in-8. 1862. 14 fr.

TRIBUNAUX DE COMMERCE (Des) et des Actes de commerce, contenant : un Traité complet des droits et devoirs des commerçants; la Compétence des tribunaux consulaires sur les matières du droit; la Procédure suivie devant eux, un Formulaire général des actes du ressort des tribunaux de commerce, etc.; par Louis NOUGUIER, Avocat à la Cour d'appel de Paris. 3 vol. in-8. 22 fr. 50

www.ingramcontent.com/pod-product-compliance
Ingram Content Group UK Ltd.
Pitfield, Milton Keynes, MK11 3LW, UK
UKHW021155260726
13994UKWH00001B/485